40歳・年収500万円台から始める
ワンルームマンション投資

鈴木聖太
Suzuki Seita

風詠社

40歳・年収500万円台から始めるワンルームマンション投資

プロローグ

「あなたも個人で資産形成を行う必要があります。」

私がこう主張すると、あなたは次のように思うかもしれません。

「あ〜、公的年金が大変だって聞いたことある。でも、まだ20年以上先の話だよね。」

「何だかんだ言っても、国が何とかしてくれるよ、きっと。」

「そんなことより今が大事だ。今が。だって、具体的にどうしたらいいの？」

これらの意見は正論ではあります。

今を一生懸命生きていない人に明るい未来など訪れる筈がありません。20年以上先の老後なんて想像もできないでしょう。また、最終的には国が何とかしてくれるという期待も理解できなくはありません。現実問題として今までは何とかなってきたんですから。

えっ？　ちょっと待って下さい。本当に今までは何とかなってきたのでしょうか？

定年退職を迎えた方が、本当に老後を満足に過ごせる経済状態でいられるのでしょうか。

内閣府「高齢者の経済・生活環境に関する調査」（平成28年）で60歳以上の方を対象に経済状態について調査した結果では、４段階評価の内、下二つの「家計にゆとりがなく、

りますo

多少心配である」「家計が苦しく、非常に心配である」を選んだ方は全体の34・8％になります。

つまり、平成28年時点で全体の約35％の高齢者が経済状態に不安を抱えて過ごしているのです。ここには当然、公的年金だけで生活ができない方も含まれています。

では、どうしてあなたは今までは何とかなっている、と思っていたのでしょうか。

理由はあなたが老後の生活をイメージしていないからに他なりません。近くの高齢者の生活を他人事のように見ていたからに他ならないのです。

でも、老後は必ず訪れます。また不幸にもそれまでに亡くなったとしても、遺族の生活があります。また病気や事故で働けなくなる可能性もあります。

そしてあなたもその時までに充分な資産を形成しておく必要があるのです。

「資産？」

そうです。資産です。現金、株式、保険、不動産等の資産を形成しておく必要があるのです。

「でも、公的年金があるじゃないか。私の祖父母は公的年金だけで生活している。私も将来は年金を受給するので大丈夫だ。」

と、このように考えるかもしれません。

しかしその公的年金だけで老後を過ごすことが厳しい時代に入ったからこそ、老後を迎えるまでに個人で資産形成を行う必要があるのです。

公的年金制度についてはは第一章でしっかり説明させて頂きますが、これから公的年金だけで老後を迎えるのは危険です。公的年金だけで経済状態に不安のない老後を迎えることは不可能に近いと言っても過言ではないでしょう。

だからこそ、私はファイナンシャルプランナーとして、こう主張したいのです。

「あなたも個人で資産形成を行う必要があります。」と。

そしてこうも主張したいと思います。

「資産形成にはワンルームマンション投資がベストです。」と。

その理由は本書でしっかり説明させて頂きます。

あなたが現在40歳で年収が５００万円程度であれば、預貯金が少ない状態でもワンルームマンション投資を始めることが可能です。そのため、是非とも本書をご活用頂き、あなたのこれからの資産形成手段としてワンルームマンション投資をご検討下さい。

少しでも本書の内容があなたのお役に立ち、老後・緊急時に必要な資産形成のお役に立てれば私にとってもこれほど嬉しいことはありません。

目次

第一章　アベノミクスと公的年金制度

・アベノミクスは成功か？

２０１８年7月現在において、アベノミクスの成否について論じる人は数年前と比較すると少なくなっているように思います。しかしあなたの記憶にも新しいかもしれませんが、ほんの2~3年前までは、アベノミクスは失敗であるという論調が世論で幅を利かせていたように思います。

しかしその一方で、安倍総理の総理大臣在任期間は２０１７年12月に5年を超え、現在ではそれまで第3位の長期政権だった小泉純一郎氏を超えて歴代第3位の長期政権となっています。

日本は間接民主制という制度を取っているので国民が直接的に選挙で総理大臣を選ぶことはできませんが、本質的には国民からの支持率が低い政権が長期間続くことはなく、安倍政権は国民から一定の支持を得続けていると言えます。

では、安倍総理の何が支持率の基盤となっているのでしょうか。無論、あなたもご存知でしょうが、アベノミクスという財政政策・金融政策がその支持率の根底にあることが挙げられます。

安倍総理は憲法改正を自らの政治目標として掲げていますが、憲法改正を目標とするだけでここまで長期の支持を得続けることが不可能であることは明白だからです。

では、アベノミクスとは何なのでしょうか。その結果、世の中はどのように変化したのでしょうか。

結論を言うと、「アベノミクスで経済環境は激変した。ただ、成否の感じ方は立場によって異なる。」というのが私の考えです。またアベノミクスのみならず、すべからく政策の成否の感じ方というのはあなたの置かれている立場によって異なるのです。

為政者には二つの政治的目標があります。それは、「国民の経済発展」と「国民の安全を守る」ことです。

この観点で見れば、細かい点まで見ていくと、成功している部分とそうでない部分があると思います。しかしアベノミクスの成否の感じ方となるとあなたの立場によって異なるのです。

つまり、アベノミクスの結果、明るい未来が開けた方もいれば、一方で、悲惨な将来を憂う状態に陥った人もいるのです。

あなたがいずれの状態となったかはあなたの立場によりますが、明るい未来が開けた人の数が圧倒的に多いからこそ、安倍総理はアベノミクスで長期の支持を得ていると言えます。

よって「アベノミクスは成功か？」という問いに対する答えは、「成否の感じ方は立場によって異なる。」と言わざるを得ません。これがアベノミクス、いや、全ての経済政策の真実なのです。

答え：アベノミクスの成否の感じ方はあなたの立場によって異なる。

・アベノミクスで世の中はどう変化したのか。

成否は立場によって異なるものの、アベノミクスで経済環境は激変しました。これはあなたの立場によって異なるものではありません。そのため、これからは全ての人がアベノミクスで変化した経済環境に合わせて生きていく必要があります。

では、どのように変化したのでしょうか。

結論から書くと、アベノミクスによる財政政策・金融政策の結果、雇用が拡大しました。

数字で示してみると、2009年の総合（フルタイム・パートタイム）有効求人倍率が0・47だったのに対し、2014年は1・09、2017年は1・50まで上昇しました。（厚生労働省：一般職業紹介状況より）因みに1・50という数字は1963年以降で2番目に高い数字となります。（1番は1973年の1・76）

1993年以降、2013年までで有効求人倍率（総合）が1・0を超えたのは2006年（1・06）と2007年（1・04）のたった2年だけです。（外資バブルの時代です。）後は全て有効求人倍率が1・0を下回っていた状態だったのです。（グラフ参照*1）

また完全失業率は1998年以降、「4・0〜5・5%」前後で推移していましたが（2007年のみ「3・9%」）、2013年から年々下がり続けて2017年には「2・8」まで減少しています。（グラフ参照*2）

データが証明する通り、アベノミクスによって有効求人倍率は確実に向上し失業率は低下しています。従って雇用問題は解決に向かっていると言えます。

そもそも財政政策・金融政策とは雇用の拡大のために行うものです。米国の中央銀行であるFRB（Federal Reserve Bank）はマネタリー・ポリシー（金融政策）の目的の一つとして「to promote maximum employment（雇用最大化の促進）」を正式に記しています。

また国債を原資として公共事業等を増やす財政政策も全く同じです。

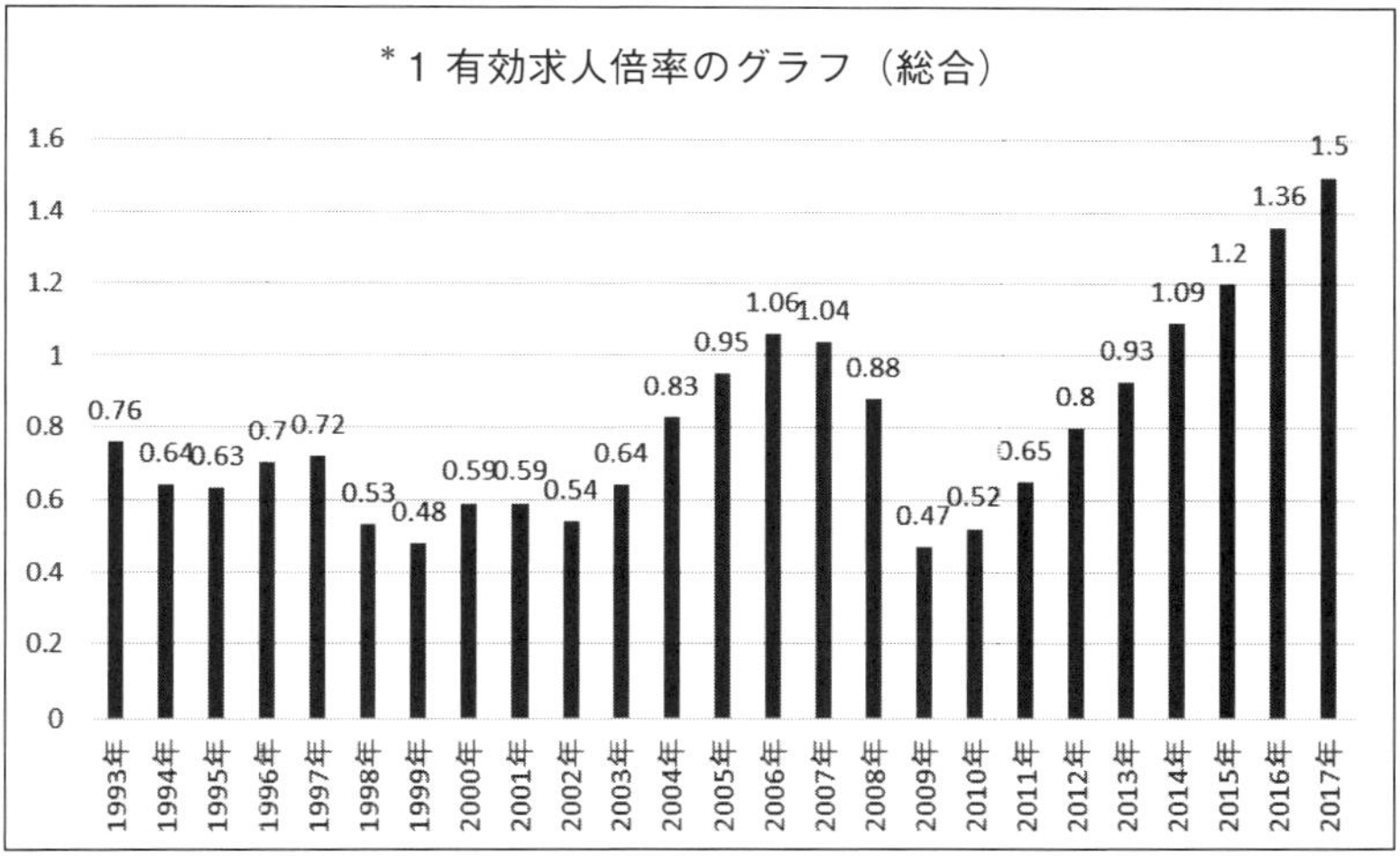
*1 有効求人倍率のグラフ（総合）
1.6
1.4
1.2
1
0.8
0.6
0.4
0.2
0
0.76
0.64
0.63
0.7
0.72
0.53
0.48
0.59
0.59
0.54
0.64
0.83
0.95
1.06
1.04
0.88
0.47
0.52
0.65
0.8
0.93
1.09
1.2
1.36
1.5
1993年
1994年
1995年
1996年
1997年
1998年
1999年
2000年
2001年
2002年
2003年
2004年
2005年
2006年
2007年
2008年
2009年
2010年
2011年
2012年
2013年
2014年
2015年
2016年
2017年

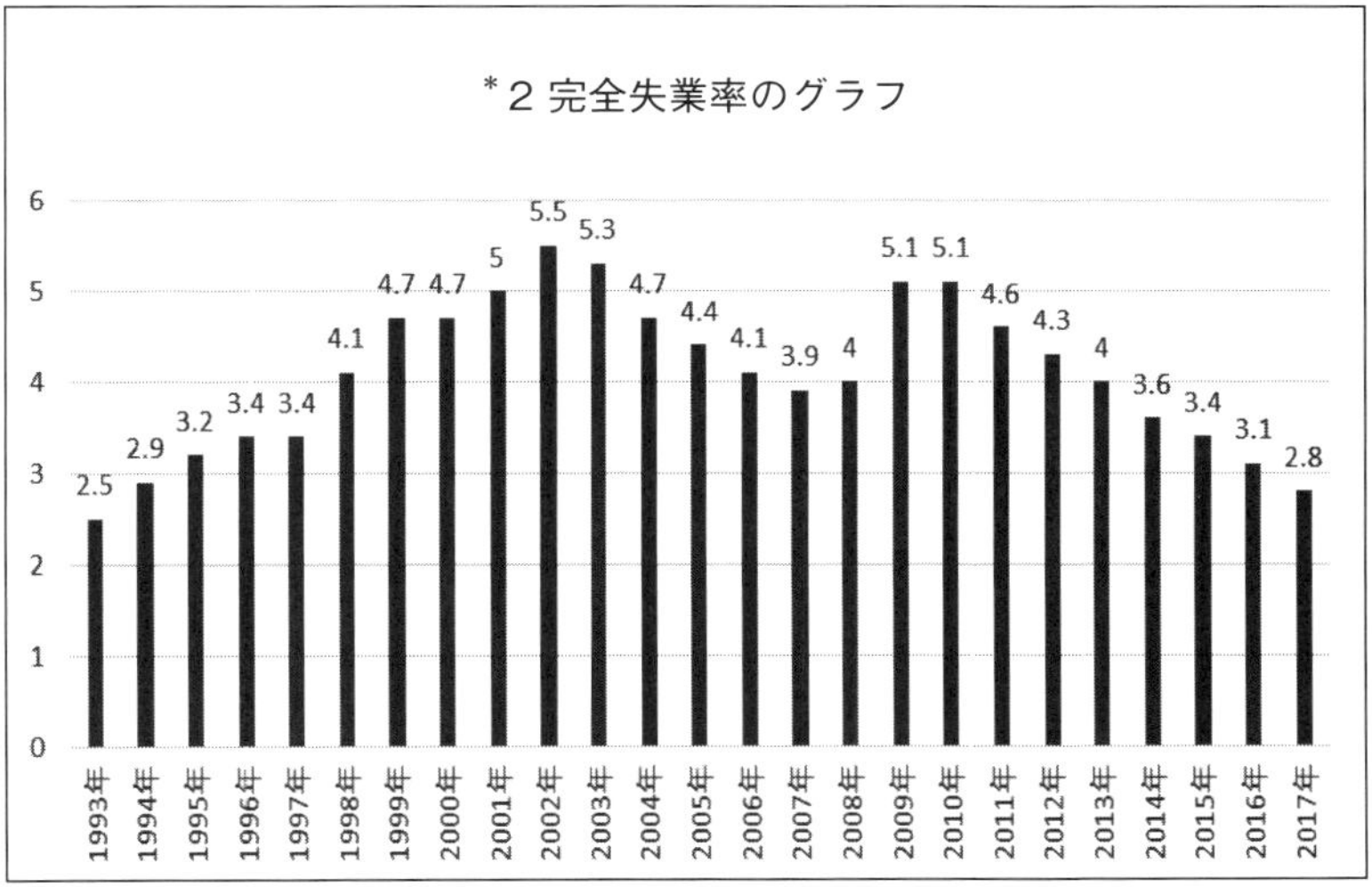
*2 完全失業率のグラフ
6
5
4
3
2
1
0
2.5
2.9
3.2
3.4
3.4
4.1
4.7
4.7
5
5.5
5.3
4.7
4.4
4.1
3.9
4
5.1
5.1
4.6
4.3
4
3.6
3.4
3.1
2.8
1993年
1994年
1995年
1996年
1997年
1998年
1999年
2000年
2001年
2002年
2003年
2004年
2005年
2006年
2007年
2008年
2009年
2010年
2011年
2012年
2013年
2014年
2015年
2016年
2017年

順番で書くと、アベノミクスという金融政策の結果、「低金利」となりました。そして民間の法人・個人に取っては金融機関からの借入が容易となりました。

更に財政政策の結果、公共事業を含めた投資対象が増加しました。結果として投資活動が活発化し、「インフレ」となり有効求人倍率が大幅に上昇しました。

これがアベノミクスによる変化です。アベノミクスの財政政策・金融政策の結果、雇用の拡大という政策の第一目標が達成できたのです。

逆に低金利・国債買い上げ・マイナス金利（一部）により金融機関の業績は著しく悪化しています。

金融機関の立場で考えると、アベノミクスにより大打撃を被ったことになります。あなたが金融機関に勤務しているなら、アベノミクスで被害を被っているかもしれませんね。ただ民間企業の立場で考えると、アベノミクスにより利益を出すハードルが確実に下がったと言えます。

細かい点を省いて全体的に見ると、アベノミクスにより民間企業の投資が活発化したことになります。つまり為政者の一つの目的である「国民の経済発展」という視点から見ると、有効求人倍率の上昇はアベノミクスで大成功したことになります。

もしかしたらあなたは私の意見を否定するかもしれませんが、昔から資本主義社会で政府が行う財政政策・金融政策の目的は雇用を創造することです。少し経済史の話になりますがご容赦下さい。

アダム・スミス（Adam Smith）という経済学者がいました。経済学の父と言われる人物です。１７２３年にスコットランドで生まれたアダム・スミス氏は後にイギリスの経済学者となり、１７７６年に『国富論』を出版しました。

スミス氏は市場経済は「神の見えざる手（invisible hand of God）」に導かれるよう、個人が自己の利益を追求すれば全体的に見て効率的な投資活動を実現すると主張し、市場経済には政府の介入は不要であると説きました。

ご存知かもしれませんが、これを古典派経済学（classical political economy）と言います。この古典派経済学の思想は18世紀の人々に強い影響を与えました。そして人々は市場経済を「放任」するよう意識していたのです。

しかしこの思想を全否定したのがカール・マルクス（Karl Marx）氏です。マルクスは著書『資本論』の中で生産階級の労働力で作り出された製品・サービスは非生産階級（資本家）の持つ資本によって搾取されると説きました。

そしてマルクスは政府がコントロールする社会主義・共産主義社会の建設を理想とし、その理想は１９１７年にまずロシアでレーニンの革命によって実現されました。

以降、社会主義・共産主義の実現を掲げる共産党が世界中に生まれたことはあなたもご存知だと思います。

19世紀の市場経済はアダム・スミスの古典派経済学の思想により作り上げられマルクスの思想により分断されたと言えます。その後、世界の国々は資本主義国家と社会・共産主義国家に分かれていきました。

そして1929年の10月24日。

資本主義国家の代表国であった米国では、企業の株価が大暴落し、後に世界大恐慌と言われる大不況に突入していきました。この日は木曜日だったので、米国では現在でもこの日のことを「ブラックサーズデー」と呼んでいます。

当初、それでも米国政府は事態を楽観視していました。理由は当時の大統領であったハーバート・フーヴァー（Herbert Clark Hoover）氏も歴代の大統領と同じく古典派経済学の信仰者であり、恐慌もいずれ神の見えざる手によって解決されると信じていたからです。しかしそれまでの不況と異なり、この世界恐慌は自然に解決されるどころか時間の経過と共に深刻化していきました。そして1933年の春には1919年と比較すると株価は80％以上下落し、1200万人の失業者を生み出す事態になりました。

ここで登場したのがジョン・メイナード・ケインズ（John Maynard Keynes）氏です。英国・ケンブリッジ大学の経済学者であったケインズ氏は、資本主義社会を容認しつつも資本主義社会の健全化には古典派経済学の言う「放任」ではなく政府の介入が必要不可欠であると説きました。

そして、大恐慌の解決策として以下二つの経済政策を主張しました。（これを「ケインズ経済学」又は「一般理論（general theory）」と言います。）

1．金利の引き下げ（金融政策）

2．国債を原資とした公共事業投資（財政政策）

そして１９３３年。米国のフランクリン・ルーズベルト（Franklin Delano Roosevelt）大統領は歴代の政権が採用してきた古典派経済学の思想をベースとする経済政策を踏襲せずケインズが主張した経済理論の思想を取り入れた政策を行いました。

そして、大胆に政府主導で公共事業投資を含めた経済政策を進めていきました。この経済政策を「ニューディール政策」と言います。そしてこの政策の結果、米国経済は一定レベルまで回復することに成功しました。

その後、１９３９年に少し景気が下がった後、第二次世界大戦が起こり戦争で経済が回復していったので賛否両論あるのも事実です。

ただ、大恐慌時代にニューディール政策を行ったことで失業者数が減少し経済が回復傾向に転じたのは紛れもない事実です。

以降、第二次世界大戦終了後から２０１８年の現在に至るまで、不況時は世界中の国々で政府主導の財政政策・金融政策が行われています。

私がアベノミクスを知った時、最初に思い浮かんだのは「ケインズ経済学」とこの「ニューディール政策」です。20年間続いたデフレ脱却の為、ついに日本政府が本気で財政政策・金融政策を行うな、と直感したのです。あなたはどうでしたか?

アベノミクスの前を思い出して下さい。バブル崩壊以降、日本では「企業倒産」「合併」「リストラ」「派遣切り」「ブラック企業」等のキーワードが新聞・テレビで飛び交っていたのです。

そして2008年9月に米国の大手証券会社であるリーマンブラザーズが倒産してからこれらの問題は更に深刻化していきました。

しかしアベノミクスにより「低金利」で「借入が容易」となりました。結果として、企業の投資活動が活発化し、「インフレ」が起こり、政府の財政政策・金融政策の第一目標である雇用問題については有効求人倍率の大幅な上昇という結果が生まれました。

2018年現在、あなたが新聞・TVで「ブラック企業」「派遣切り」というキーワードを見聞きすることは殆どないと思います。それどころか、逆に中小零細企業では人手不足倒産という現象まで起こる事態となっています。

これがアベノミクスによる変化です。まずあなたも変化をしっかり認識する必要があります。

答え：アベノミクスにより「低金利」「借入が容易」となった。結果として企業の投資活動が活発化し、「インフレ」が起こり、有効求人倍率は大幅な上昇となった。よって金融政策の第一目的は達成できた。

・何故、アベノミクスにより個人・企業の投資活動が活発化したのか。

アベノミクスという財政政策とマネタリー・ポリシー（金融政策）によって何故、企業の投資活動が活発化したかについて簡単に説明させて頂きます。

理由はアベノミクスという財政政策で雇用が増加し、・金融政策で「低金利」「インフレ」状態になったからです。

まず財政政策については簡単にご理解頂けると思います。政府が国債発行額を増やし、そのお金を原資として公共事業を拡大することで民間企業の仕事が増えるのです。

アベノミクスでは建設関係の公共事業を拡大させ続けていますが、これが建設業界の投資活動を活発化させ企業の利益・雇用を拡大させているのです。

次に、あなたの記憶にも新しいと思いますが、アベノミクスが実施される前は20年間続いたデフレにより不況と言われる状態にありました。

インフレ・デフレは物価の変動率により計られることになります。総務省がまとめたこの物価変動の指数を「消費者物価指数（ＣＰＩ）」と言います。

デフレというのは物価が年々下がっていく現象を言います。例えば年間１％デフレしたとすると、総合的に商品・サービスの価格は前年比で１％下落していることになります。

格安の飲食店や１００円均一等のビジネスが拡大したのもこの時代です。低価格で高品質な商品・サービスが売れる時代だったので、低価格競争が加速したのも同じ時期になります。

本質的に不況は更なる不況を生み出す原因になります。企業が倒産し、失業者が増加すると、消費者が減るので他の企業も業績が悪化します。これを繰り返して不況が深刻化していくことをデフレスパイラルと言います。

正に当時の日本はデフレスパイラルに入っていたのです。

しかしあなたが資産家であれば、デフレが起こることは必ずしも不幸なことではありません。例えば、日本で年間１％のデフレが進行しているとします。

この場合、多額の日本円を有していれば、１年後に自分の資産価値が１％増加することになるのです。何故なら今年１万円で買えた製品が来年には９９００円で買えることになるからです。

もちろん、デフレ期には円高が進行しますので、為替で見ると外貨との交換価値は変わりないかもしれませんが、国内だけで見ると確実に資産価値が上昇したことになります。仮にこの状態が5年続いたとすると、複利で計算してもあなたの有する現預金の価値は約5％増加することになります。つまり、デフレは資産家の投資意欲を確実に減少させるのです。

逆に物価が上昇していることをインフレと言います。

経済がインフレする時期には投資活動が活発化します。何故なら同じ状況で年間1％のインフレが進行していたとすると、逆にあなたの資産価値は年間約1％ずつ下落していくことになるからです。

一般的にインフレ時には金利も上昇しますので、銀行預金をしておくと金利収入が入り下落率は1％以下には抑えられると思いますが、資産価値が目減りしていくことは確実です。

つまり、インフレ時には投資活動が活発化するのです。あなたは最低でも「インフレ分ー《マイナス》金利収入」以上の利益を出さないと資産が奪われることになるのです。

同じくインフレ期には円安が進行しますので、為替で見ると外貨との交換価値は変わらないかもしれませんが、国内だけで生活しているなら資産価値は確実に下落したことになります。（経済成長でインフレする場合は円高になる場合もあります。）

また一般的にインフレ時にはその国の経済が成長していますので、投資対象となるビジネスが多くなり投資が行いやすい環境にあります。そのため、インフレ時には投資活動が活発化します。

アベノミクスで「インフレ」が引き起こされたのは、政府主導で金融緩和を行い個人・企業の投資活動を活発化させたからです。投資活動が活発化されたからこそ、インフレが起こりそれが更なる投資活動の活発化を促しているのです。

投資活動を活発化させたのは、アベノミクスという金融政策で金融機関の貸出し可能な資金量を増やし「低金利」状態を作り上げたからです。

結果としてそれがインフレ・有効求人倍率の大幅な上昇・失業率の低下に繋がったのです。

答え：アベノミクスで政府が公共事業を増やし、「低金利」「インフレ」となる金融政策を実行したため。

・何故、アベノミクスで「低金利」「インフレ」、更に「円安」となったのか。

アベノミクスで行った重要な金融政策の一つに量的緩和政策があります。あなたも一度は「量的緩和」という言葉を新聞やＴＶで見聞きしたことがあると思います。

ただ、アベノミクスの量的緩和政策は従来レベルのものではなく、過去に類例のない異次元レベルで行ったので「低金利」「インフレ」、更に「円安」となったのです。

当然、これは安倍総理が経済回復を目的として行った金融政策ですが、具体的にどのようなことが行われたのかをご説明させて頂きます。

まず、政府は我が国の中央銀行である日本銀行でマネタリーベースを増加させました。

２０１３年４月４日。日本銀行の黒田東彦総裁は「2年間でマネタリーベースを2倍にする。」と発表。この発表を受けて1ドル92円程度だった相場は1週間後に約１００円となりました。

マネタリーベースとは民間金融機関が保有する「日銀当座預金残高＋貨幣＋日本銀行券」の合計金額です。政府は日本銀行がこのマネタリーベースを増加させることで低金利状態を作り出し「インフレ」を引き起こそうとしました。

どう増加させたのかと言うと、民間金融機関が保有する国債を日本銀行が買い上げることで民間金融機関の日銀当座預金残高を増加させたのです。結果として、民間金融機関は保有する資金量が増加し、民間企業や個人に貸し出せる資金が豊富になりました。

具体的な数字で書くと、２０１３年４月に約１５５兆円だったものを２０１５年４月に

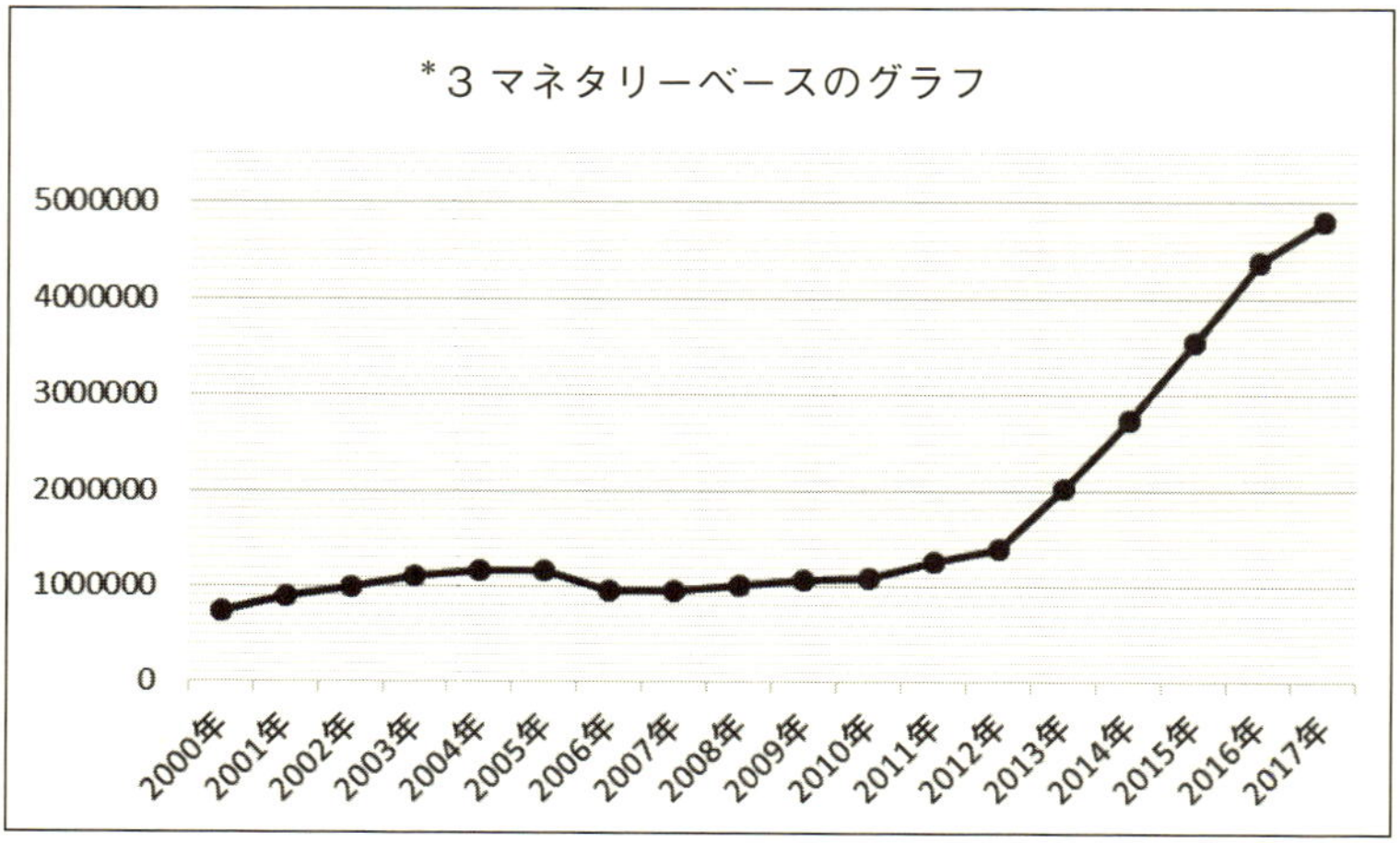

*3 マネタリーベースのグラフ

約３０６兆円に、２０１８年４月には４９８兆円まで増加させました。２０００年～２０１３年までは60～１２０兆円の間で変動していましたので、正に異次元レベルでマネタリーベースを増加させたことがご理解頂けると思います。
（グラフ参照*3）

マネタリーベースの増加には民間金融機関の持つ国債を日本銀行が買い上げるという手段が取られたので、日本銀行券や貨幣が大きく増加したのではなく、各金融機関の持つ日銀当座預金残高が大きく増加する結果となりました。（日本銀行は民間金融機関から国債を買い上げた後、代金を日銀当座預金口座に発行したお金で支払う。）

数字で書くと、２０１３年4月には約66兆円だった日銀当座預金残高の合計金額が、２０１

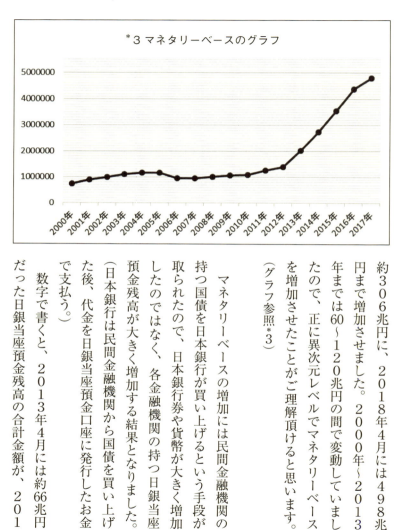

5年4月には210兆円、2018年4月には約389兆円となっています。つまり、日銀当座預金残高の合計金額がたった5年で約6倍に増加したことになります。

そしてその中から市中に出回るお金が少しでも増えるよう、日本銀行は2016年1月に追加でマイナス金利政策を導入しました。

それまで日銀当座預金残高には預金準備率以外の残高には0・1%の利息が付いていました。（預金準備率0%・その他0・1%）

それを三段に変更し、逆に－0・1%の利息を支払うマイナス部分（－0・1%、0%、0・1%）を作り上げたのです。

2018年4月の日銀当座預金残高は約389兆円。その内、制度の対象となるのは約369兆円。その中で約29兆円分にマイナス金利が適用されています。

こう見ると、「マイナス金利部分は全体のたった約8%か。」とあなたは思うかもしれませんが、従来の国債利回りから得られた利益と日銀当座預金残高で0・1%受け取れた利息の利益がなくなった分、この政策は金融機関の業績を苦しめていることになります。

しかし民間企業・個人から見ると、民間金融機関が資金を持て余しており、国債・日銀当座預金の利息という収益源を失ったことで融資を受けるハードルが格段と下がったと言えます。

また民間金融機関は原則として借入金利をコールレート（銀行間の借り入れ金利）や10

年物の国債利回りを基準として設定していますが、民間金融機関が資金を持て余しておりマイナス金利も導入されたことでコールレートが下がり（マイナスとなった）プライムレートも下がったので、結果として「低金利」となりました。

「低金利」で民間金融機関が資金を持て余しているとなると借入が容易になります。今まで融資を受けるのが難しかった企業・個人が融資を受けやすくなりました。そして投資の成功も容易になる分、投資活動が活発化します。

具体的には企業が１０００万円を金利５％で借入すると最低でも年間50万円の利益を出さないと最終的には赤字になりますが、金利１％なら10万円の利益が出せればそれ以上は利益となるからです。

そして民間金融機関が資金を持て余していればいる程、貸し剥がしのリスクも減ります。つまり企業は投資をしやすくなるのです。

あなたが企業経営者なら、低金利の時にこそ投資金額を増やしますよね。

そして投資が増えると結果的に融資が拡大し、マネーストック（信用創造によって増加した部分を含めた実際に国民が保有しているお金の総額）が増えて企業・個人の投資活動が活発化し、最後は「インフレ」となります。

更に投資利益を出しやすくなるよう、国債発行額を上げて公共事業も増やしているのです。そうなると、経済の活性化・インフレが起こるのは明白です。

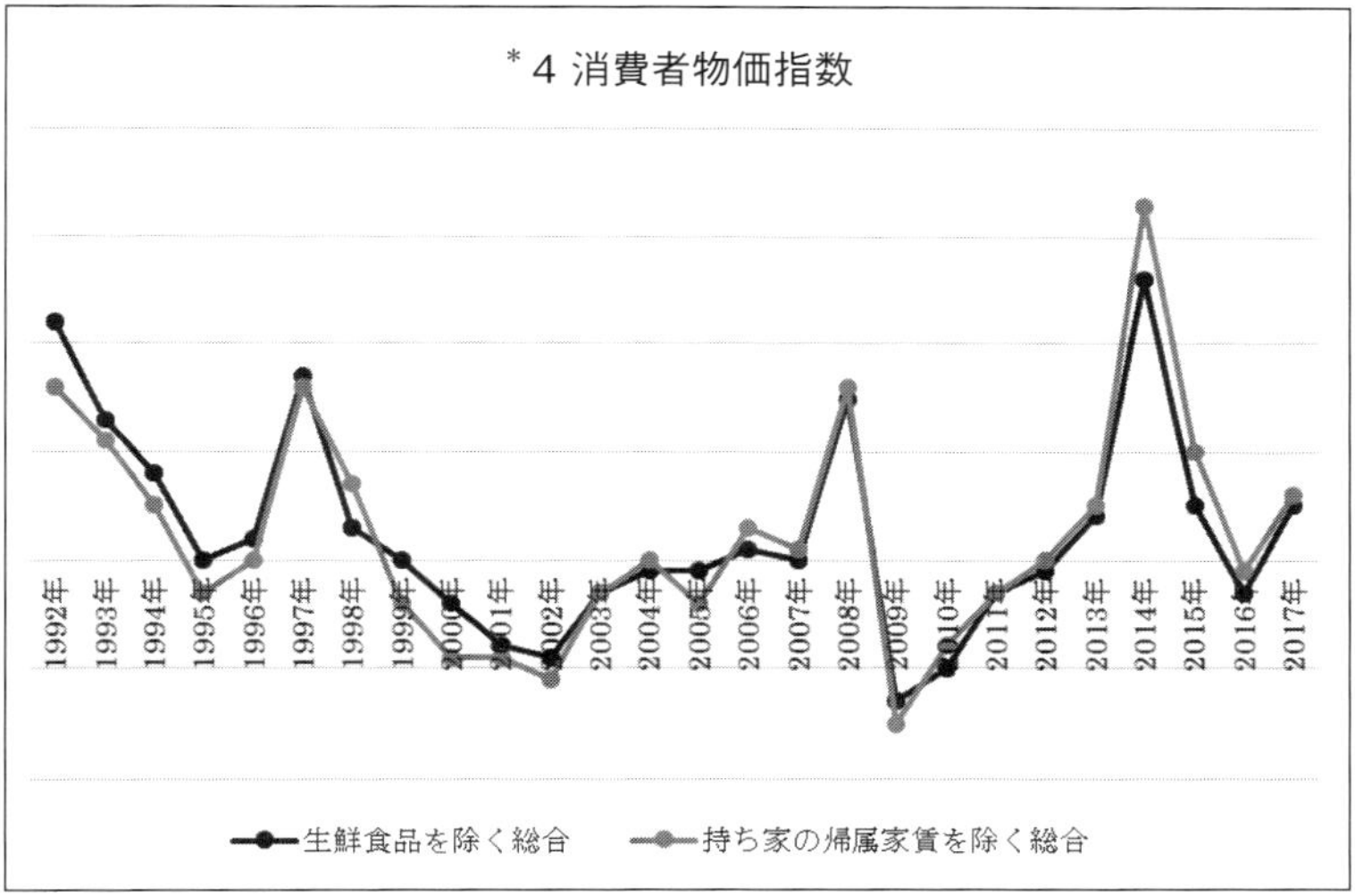

「インフレ」を計る消費者物価指数には幾つかの種類がありますが、代表的なものの二つを見ても確実に「インフレ」状態が起こっていることが分かります。（グラフ参照＊4）

２０１４年の７月から２０１５年１月にかけて原油価格が下落したので、本来はデフレとなっている筈ですが、この数字を見ると消費税増税の影響を差し引いても確実にインフレしていることが分かります。

そして「円安」は「インフレ」効果がありますので、マネタリーベースを増加した結果、発生した「円安」も「インフレ」効果に一役買っていることが分かります。

マネタリーベースが増加すると、長期的に見てマネーストックが増えるのは明白で

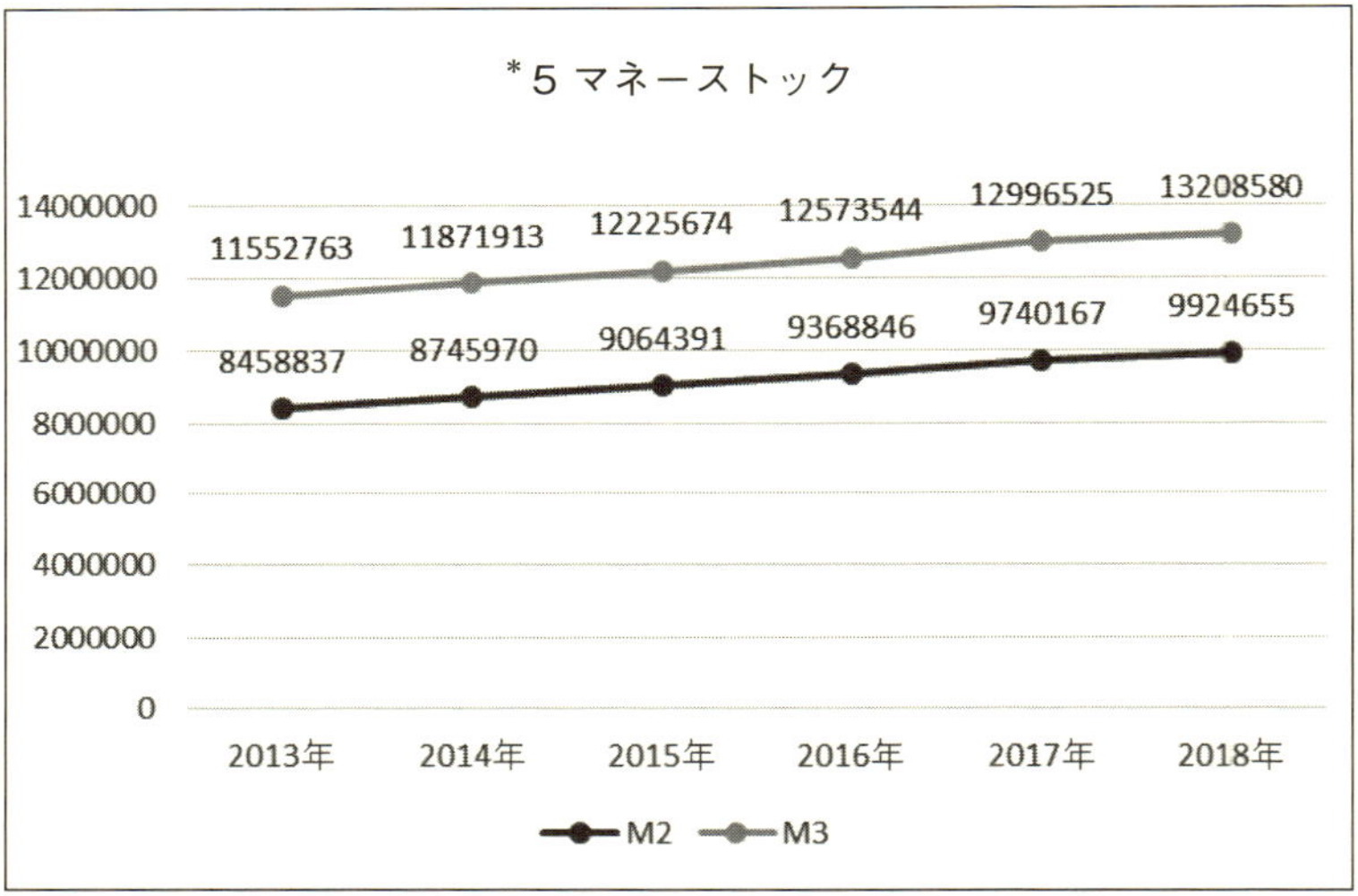

M2＝現金通貨＋預金通貨＋準通貨＋CD（譲渡性預金）（預金通貨、準通貨、CDの発行者は、国内銀行等）

M3＝現金通貨＋預金通貨＋準通貨＋CD（譲渡性預金）（預金通貨、準通貨、CDの発行者は、全預金取扱機関）

＊上記は日本銀行より抜粋。一般的には「M3」で判断する。

す。（グラフ参照＊5）

マネーストックとは「円」を持つ人のお金の総量のことです。実際に皆が持つお金は銀行によって信用創造された分も含まれるのですが、その総量をマネーストックと言います。（信用創造：ある人が銀行に1億円を預金したとします。そうすると、銀行は決められた準備率で算出したお金を日本銀行に預ければ、残りのお金を貸すことができます。

仮に準備率が3％とすると、法的には残りの9700万円を貸し出すことが可能となります。そして更にその貸し出した9700万円から3％の291万円を日本銀行に預けると、残りのお金を貸すことができます。

これを繰り返して元手以上にお金が膨らんでいくことを信用創造と言います。）

そしてマネーストックが増えると社会のお金の絶対量が増えたことになります。そうすると必然的に円の価値が下がるので、結果として「円安」となったということになります。

当然、為替レートは更に複雑な要因を含めて決まるので、一概にそれだけで「円安」になるとは言えません。

ただ、マネタリーベースの増加は「円安」を誘導すると言えますので、結果としてアベノミクスで「円安」も発生したと言えます。

一般的に「円安」になると、物価・賃金の上昇が見込まれます。原油を輸入に依存している日本では、円安になるとガソリン等の国内価格が上昇するのです。

また日本企業は輸出が多いので、結果として円安は企業の業績アップに繋がります。

当然、「円安」は政府の債務圧縮を目的としているという見方も否定はできません。政府は多額の外貨・外国債券を保有していますので、円安が進めば円で返済する予定の政府保有債務（国債等）が圧縮できるのです。

ただ、当時、デフレが続いた時代に債務の圧縮を第一目標として量的緩和政策が行われたとは考えられません。何故なら、それはただ単にあなたも含めた国民から合法的に資産を奪うだけの行為だからです。そんな政権を支持し続ける程、国民は愚かではありません。

「円安」によるメリットは幾つかありますが、本質的には円安も「インフレ」を引き起こすための一つの要因となっていると見る方がより現実的だと言えます。

つまり、「円安」は民間金融機関の資金量の増加、「低金利状態」を作り出すために行った金融政策（量的緩和政策）の中で結果的に同時に発生し、インフレに一役買っていると見る方が合理的です。

ただ、結果として「円安」にもなっているので、アベノミクスで「低金利」「インフレ」「円安」となったと言えます。

答え：アベノミクスの量的緩和政策の結果、「低金利」「インフレ」「円安」となった。

・これから公的年金制度はどうなっていくのか。

そして忘れてはならないのが、アベノミクスによる経済政策は公的年金制度の未来にも深く関係しているという点です。

現在、政府が頭を抱えている問題の一つに公的年金制度があります。少子高齢化という現象がこれから更に深刻化していく日本では、公的年金制度の維持が難しくなってきているのです。

そもそも公的年金制度は右肩上がりの経済成長・人口増加を前提に作られたものになります。そのため、経済成長と人口増加という前提が崩れると維持することが難しくなるのです。

少しだけ日本の公的年金制度について解説させて頂きます。

２０１８年現在、公的年金制度は厚生年金・国民年金の2種類が2段階で存在します。これはあなたもご存知の筈です。

企業・官公庁等で勤務する人は厚生年金に加入することになり、自営業者などは国民年金に加入することになります。(厚生年金加入者は国民年金も加入している扱いになります。)

１９６１年、それまでの厚生年金保険に加えて国民年金が発足しました。これにより国民全員が何らかの形で年金制度に加入することになりました。これを国民皆年金制度と言います。

当初、年金は積立方式で運営されていました。しかし急激なインフレが発生した結果、積立方式で運用していくことが難しくなり、結果的に賦課《ふか》方式に変更することになりました。賦課方式というのはその年に現役世代から集めた年金を、そのまま年金受給者に支給するという制度です。つまり、現在ではあなたから集めた年金も含め、毎年国民から集めた年金をそのまま現在の年金受給者に支給しているのです。

具体的な数字で書くと、平成30年の公的年金の収支を予算ベースで見ると、保険料収入が「38・５兆円」なのに対し、国庫負担金(税金)が「12・７兆円」積立金(ＧＰＩＦ)から「３・９兆円」、そして年金支給額が「55・１兆円」となっています。

尚、２００４年から基礎年金(国民年金)の半分は国庫負担金(税金)が投入されることが決まりましたので、公的年金制度の一部には税金が使われています。(ＧＰＩＦというの年金積立金管理運用独立行政法人の略称で過去に積み立てた年金を運用している機関になります。その運用利益の一部を年金支給に充てています。)

しかし公的年金制度というのは「保険制度」です。保険制度は全体的に見て掛け捨て部分が大きければ大きい程、受給者の得られる金額が多くなるのです。

例えば、あなたがとある定期死亡保険に加入し、その保険の加入者数が１０００人だとします。そしてあなたも含めた全会員が毎月１人当たり１万円ずつ支払っているとします。仮にこの保険の運営費を１ケ月で１００万円と仮定すると、実際に加入者の１人が死亡した場合に支払える上限金額は１ケ月当たり９００万円となります。

この前提で仮に毎月１人加入者が亡くなったとすると、その加入者に９００万円を上限とする保険金額が支払われることになります。２ケ月に１人亡くなったとすると、２倍の１８００万円がこの保険で支払える上限の金額となります。（毎月死亡者の数だけ新規加入があるという前提です。）

つまり全体的に見て掛け捨て部分が大きい程、あなたの加入する保険の保障金額は増加するのです。これは死亡保険のみならず、損害保険でも同じです。また公的年金制度も同じです。

前述した通り、公的年金制度は税金と積立金も投入されていますので（税金は基礎部分の半分）制度が複雑化しているのは事実ですが、本質的には保険制度なので加入者が減り受給者が増えると１人当たりに支払える金額が下がることになります。

このように公的年金制度は被保険者（第３号を除く）が増加すればする程、受給者の得られる金額は高くなります。また受給者の数が減少すればする程、受給者の得られる金額が高くなります。

しかし平均寿命は延び続けています。簡易生命表によると、実際に１９６０年の平均寿命は男性約65・32歳・女性約70・19歳だったのに対し、２０１０年に男性約79・64歳・女性約86・39歳となっています。つまり、この50年で平均寿命が男女共に約15年分程度延びているのです。

また厚生労働省のデータによると、２００６年に約３４００万人だった年金受給者数は２０１６年に４０１０万人となり、そして２０４０年にはもう１０００万人程度増えるものと予想されています。

そして被保険者数（年金を支払う人）も減少の一途を辿ります。厚生労働省のデータによると、２０１６年に５６９０万人だった被保険者数は２０４０年に４５４０万人まで減少すると予想されています。（第3号保険者は除いています。）

つまりいずれの観点からも、将来あなたが受給することになる年金の受給金額は下げざるを得ないのが現在の公的年金制度なのです。

因みに年金は「賃金」「物価」「マクロ経済スライド」の観点から定期的に見直しが行われています。見直しが行われている以上、公的年金制度が破綻することはありません。ただ、あなたの得られる金額は間違いなく減少していくと言えます。

答え：公的年金制度は破綻しないが、あなたの得られる年金受給額は確実に減少する。

・公的年金の受給金額・支給開始年齢はどう変化するか。

公的年金の受給金額は何となく減るとは思っている。でも、実際にどれぐらい減っていくんだろうか。という疑問をあなたもお持ちだと思います。

では実際にどれだけ減っていくのか、という点を平成26年の財政検証レポートで計算してみたいと思います。

まず、公的年金制度の現状については5年ごとに厚生労働省が財政検証レポートで発表することになっています。

直近の平成26年の財政検証レポートでは、人口や経済の将来別に予測した年金額の見通しがあります。ケースA～Hまで存在する中で、経済の成長がやや続くことを前提としたケースCでは以下の通りになっています。（グラフ参照＊6）

このデータによると、１９７４年度生まれで２０１９年に45歳となる方の平均的な公的年金受給額は夫婦２人で現在価値で月額25・９万円となっています。

現在価値で月額25・９万円と考えるとそこまで慌てる必要はない、と思うかもしれませ

*6　厚生年金（夫婦２人の基礎年金含む）

	物価上昇率	賃金上昇率（実質＜対物価＞）	運用利回り		経済成長率（実質＜対物価＞）2024年度以降20～30年
			実質＜対物価＞	スプレッド＜対賃金＞	
長期の経済前提	1.6%	1.8%	3.2%	1.4%	0.9%

	一元化モデル			（従来モデル）
		基礎	比例	
所得代替率（給付水準調整終了後）	51.0%	26.0%	25.0%	（52.1%）
給付水準調整終了年度	2043	2043	2018	

厚生年金の調整終了（平成30年度）

基礎年金の調整終了（平成55年度）

生年度（平成26（2014）年度における年齢）	平成26年度（2014）	平成31年度（2019）	平成36年度（2024）	平成41年度（2029）	平成46年度（2034）	平成51年度（2039）	平成56年度（2044）	平成61年度（2049）	平成66年度（2054）	平成71年度（2059）	平成76年度（2064）	平成81年度（2069）
現役男子の平均賃金（手取り）	万円 34.8	万円 34.7	万円 38.1	万円 41.3	万円 45.1	万円 49.2	万円 53.7	万円 58.6	万円 64.0	万円 69.9	万円 76.3	万円 83.3
1949年度生　（65歳） ［平成26（2014）年度65歳到達］	21.8 [62.7%] （65歳）	20.3 ＜58.4%＞ （70歳）	19.8 ＜52.0%＞ （75歳）	19.2 ＜46.5%＞ （80歳）	19.9 ＜44.2%＞ （85歳）	20.7 ＜42.2%＞ （90歳）						
1954年度生　（60歳） ［平成31（2019）年度65歳到達］		20.8 [60.0%] （65歳）	20.3 ＜53.4%＞ （70歳）	19.8 ＜47.8%＞ （75歳）	19.9 ＜44.2%＞ （80歳）	20.7 ＜42.2%＞ （85歳）	21.9 ＜40.8%＞ （90歳）					
1959年度生　（55歳） ［平成36（2024）年度65歳到達］			22.3 [58.7%] （65歳）	21.7 ＜52.5%＞ （70歳）	21.0 ＜46.5%＞ （75歳）	20.7 ＜42.2%＞ （80歳）	21.9 ＜40.8%＞ （85歳）	23.9 ＜40.8%＞ （90歳）				
1964年度生　（50歳） ［平成41（2029）年度65歳到達］				23.7 [57.2%] （65歳）	22.8 ＜50.7%＞ （70歳）	21.9 ＜44.5%＞ （75歳）	21.9 ＜40.8%＞ （80歳）	23.9 ＜40.8%＞ （85歳）	26.1 ＜40.8%＞ （90歳）			
1969年度生　（45歳） ［平成46（2034）年度65歳到達］					24.9 [55.3%] （65歳）	23.9 ＜48.5%＞ （70歳）	23.2 ＜43.2%＞ （75歳）	23.9 ＜40.8%＞ （80歳）	26.1 ＜40.8%＞ （85歳）	28.5 ＜40.8%＞ （90歳）		
1974年度生　（40歳） ［平成51（2039）年度65歳到達］						25.9 [52.7%] （65歳）	25.2 ＜47.0%＞ （70歳）	25.2 ＜43.0%＞ （75歳）	26.1 ＜40.8%＞ （80歳）	28.5 ＜40.8%＞ （85歳）	31.1 ＜40.8%＞ （90歳）	
1979年度生　（35歳） ［平成56（2044）年度65歳到達］							27.4 [51.0%] （65歳）	27.4 ＜46.7%＞ （70歳）	27.4 ＜42.8%＞ （75歳）	28.5 ＜40.8%＞ （80歳）	31.1 ＜40.8%＞ （85歳）	34.0 ＜40.8%＞ （90歳）
1984年度生　（30歳） ［平成61（2049）年度65歳到達］								29.9 [51.0%] （65歳）	29.9 ＜46.7%＞ （70歳）	29.9 ＜42.8%＞ （75歳）	31.1 ＜40.8%＞ （80歳）	34.0 ＜40.8%＞ （85歳）

（注1）数値は、各時点の名目額を物価で現在価値に割り戻した額を記載した。
（注2）年金額はスライド特例によるかさ上げ分のない本来水準。
（注3）□内は、各世代の65歳新規裁定時における標準的な年金額の所得代替率を記載した。
（注4）＜ ＞内は、各時点における年金額と同時点における現役男子の平均賃金（手取り）とを比較した比率を記載した。
（注5）既裁定者の年金は物価上昇率による改定を基準としているが、その時々の新規裁定者の年金水準との乖離幅が2割となった場合は、新規裁定者の年金と同じ賃金上昇率により改定することとし、乖離幅が2割を超えないようにするとの方針が定められており、財政検証はその方針に準拠して行われている。

（厚生労働省　平成26年財政検証結果レポートより）

*7〈物価上昇率と賃金上昇率の表〉（毎月勤労統計調査）

	物価上昇率＊	名目賃金上昇率	実質賃金上昇率
2014年	3.3%	0.4%	－2.8%
2015年	1%	0.1%	－0.9%
2016年	－0.1%	0.5%	0.7%
2017年	0.6%	0.4%	－0.2%

＊持ち家の帰属家賃を除くもの。
＊少数第2位を省いているので数字が一致しない場合がある。

んが、注意が必要です。

このデータはあくまで年間の物価上昇率が1・6％・実質賃金上昇率が1・8％という状態が25年間継続した場合の話です。

実質賃金上昇率とは名目賃金上昇率（実際の上昇率）から物価上昇率を差し引いた数字になりますので、このデータでは名目賃金上昇率が3・4％が25年間続く前提となっています。

では、平成26年以降の実際の物価上昇率・実質賃金上昇率、そして名目賃金上昇率を見てみましょう。（グラフ参照*7）

このデータは私が消費者物価指数（総務省）と毎月勤労統計調査（厚生労働省）から作成したデータです。

このデータで見る限り、名目賃金上昇率から物価上昇率を差し引いた4年間の実質賃金上昇率は2014（平成26）年「－2・8％」、2015（平成27）年「－0・9％」、2016（平成28）年「0・7％」、2017（平成29）年「－0・2％」と合計平均で年間「－0・8％」となっています。

つまり、実質賃金上昇率は年間「1・8％」とは程遠い状態となっているのです。

アベノミクスにより、これから更にインフレが進むと予想されます。有効求人倍率が上昇した後は賃金上昇が起こるのも間違いないと思います。

ただ、この4年間の実績で見ると実質賃金上昇率が年間平均「1・8％」で25年間継続するとは到底思えません。つまり、現実的な数字で計算し直す必要があるのです。

仮に平均で年間「0％」の実質賃金上昇率が25年続いた場合、単純に逆算して月額「25・9万円」受取れる年金受給額は月額「16・6万円」となります。

また実質賃金上昇率が「0％」でも物価上昇率が年間平均で「1・6％」を25年間維持できなかった場合、経済はより厳しいものとなり公的年金の受給金額は更に下がることになるでしょう。

つまり、公的年金の受給額は厚生年金の加入者でも夫婦2人で「月額16・6万円」以下となる可能性が極めて高いのです。私の考えでは、夫婦2人で受給できる公的年金額は現在価値で月額10万円前後になると思っています。

私はこれから日本経済ではインフレが続くと考えています。アベノミクスによる財政政策・金融政策により、政府が意図的にインフレ・低金利状態を作り出すことで雇用問題を解決できるという事実が、あなたや私も含めた国民全員に証明されたからです。

そのため、仮に不況を望む為政者が政権を取り、金利を上昇させるようなアベノミクスと逆の政策を行ったとしても、政権支持率を維持できなくなり長期的に見て退陣を余儀なくされることになると思うからです。

ただ、短期で見ると絶対がないのが政治なので、どうなるかは分かりません。しかし長期で見ると政府主導でインフレ・低金利を作り出す政権が支持を得るだろうという考えは、あなたからもご賛同頂けると思います。

しかし物価上昇率が年間平均1・6%、実質賃金上昇率が年間平均1・8%が25年間続くという状態は達成できないと思います。既にこのような数字が4年分も出てしまっているので、残り21年でそれを達成するのは厳しいというのが私の見方です。

つまり、現在45歳の方が受給できる平均年金額は「月額16・6万円」以下となる可能性が極めて高いと言えます。更に言及すると、この4年間を見る限りではそれより更に下がり月額10万円前後になる可能性が極めて高いと言えます。

更に現在では昭和36年4月2日生まれ以降の男性は65歳から年金の受給が開始となりますが、その年齢も引き上げられる可能性が高いと思います。

既に財務省は68歳開始案を出していますし、政治家の中でも70歳・75歳からと主張している方もおられます。

理由は平均寿命が延び続けているからです。最初に申し上げた通り、年金制度の本質は「保険制度」なので、受給者数が増えると受給金額を下げて支給開始年齢を引き上げざるを得ないのです。

そのため、年金の支給開始年齢が引き上げられることは平均寿命が更に延びることを考えるとやむを得ないと思います。つまり、受給開始年齢は更に引き上げられると考えた方が良いでしょう。

答え：平均で月額16・6万円以下は確実。月額10万円前後になる可能性が高い。
そして受給開始年齢は68歳・70歳等、更に引き上げられると考えた方が現実的。

・それに対してどうすべきか。

では仮にあなたの年金受給額が月額10万円前後となり、支給開始年齢が70歳からになるとすると、これからどうしますか。

間違いなく言えることは、それだけで老後を過ごしていくことは不可能なので、それまでに自分で資産を形成しておく必要があるということです。

もしかしたらあなたは誰かが何とかしてくれるだろう、と考えているかもしれませんが、あなたがよほど恵まれた特殊な状況にいる場合でない限り、それはあり得ません。

アリとキリギリスの話と同じで、これからは現役時代の資産形成の成否が如実に老後に表れてくるのです。

しかし老後を悲観することはないと思います。あなたが今からしっかり資産形成を行っておけば、憂うことなく明るい老後を迎えることが出来るでしょう。

つまり、これからはあなたが自分の力で若いうちから資産形成を行う必要があります。

そしてその資産形成の成否があなたの老後の暮らしを変えるのです。

答え：しっかり若いうちから資産形成を行い老後に備えるべき。

第二章　資産形成とは何か？

・そもそも資産形成とは何か。

これからは老後に向けて個人での資産形成が必要な時代です。こう聞くと、あなたは株式投資や投資信託・保険、不動産等の購入を思い浮かべると思います。

そして様々な投資商品を検討し、結果的に躊躇して取り敢えず低額の保険に加入しておくというケースが多く見られます。

では、資産とは一体何なのでしょうか。

「資産はあなたのポケットにお金を入れてくれる。負債はあなたのポケットからお金を奪っていく。」

「資産」という言葉をこのように定義したのはロバート・キヨサキ氏です。

氏は大ベストセラーとなった著書『金持ち父さん・貧乏父さん』の中で、高収入でも自宅や車のような負債を増やすと結果的に支出が増えて家計が苦しくなるので先に資産を購入すべきと主張しました。

そして資産形成を行うには、自動的にお金を生み出してくれる資産を借金をしてでも購入することが重要であると主張し、多くの人が彼の考えを支持しました。

私はキヨサキ氏の主張については肯定的な立場です。しかし、どうも多くの人が資産形成について誤った認識を持っているように思えてならないのです。

あなたが莫大な資産を相続したなら別ですが、そうではない普通の人は特別な資産を持たない状態から社会人生活を始めます。

そして、そこから将来に向けた資産形成が必要となるのです。

では、資産形成とは一体何なのでしょうか。

答えを述べてしまうと、資産形成とは一生懸命働き給与所得を得て、そこから一部を預金してその金額を特定の時期までに目標の額まで増やすことです。

まず前提として「一生懸命働き節約し、銀行預金を増やすことが資産形成の王道である」という認識が必要です。

そして銀行預金を行い金利収入を得て更にその資産形成速度を加速させる。金利収入以上の利益を生み出す投資商品があれば預金をそれに変えて更に資産形成速度を上げる。という行為が資産形成の王道になります。

つまり、この基本ができていないと投資商品が何であれあなたが資産形成に成功することは絶対にありません。

何だそんなことか。と思われるかもしれませんが、それができていないケースが本当に多いのです。

例えば家計に苦しんでいる方の収支を見ると、収支がマイナスなのに個人年金保険や生命保険（死亡保険）に加入し、その支払いで苦しんでいるケースが珍しくありません。

また投資信託・株式投資で利益を上げていても、その利益の殆どを散財しているケースもあります。

更に収益物件を保有していても、年収から見て借入金の元金がリスクの許容量を遙かに超えている方もいます。

そうなると、保険料が払えなくなれば終わりです。また保険会社が倒産しても国がその殆どを保証してくれますが、インフレには対応できていません。

また投資信託・株式投資も運用利益がマイナスになれば資産形成はできません。

そして収益不動産を保有していても、借入金額が大きすぎると不況で担保価値が下落すれば金融機関から貸し剥がしに合う可能性もあります。また入居者の退去後、次の入居者が集まらない場合も苦しむことになりますね。

つまり、まずは給与所得の一部を残し預金を積み立てるという行為が全ての資産形成の土台となるのです。あなたがこれができていない場合、まず給与を増やすか支出を減らして収支をプラスにする必要があります。

そして銀行預金を積み立てていく。その後、預金の一部を投資商品に変えるという行為が資産形成の王道になります。

そして預金を投資商品に変えるだけでは資産形成速度が遅く、目標に届かない場合、銀行借入での投資商品購入も含めた資産形成方法を検討するようにしましょう。

自分の生活の収支がマイナスなのに保険に加入する。または収支がマイナスなのにいきなり資産形成の為に借入を増やして収益物件を購入するなど論外です。このようなケースでは、いずれ間違いなく破綻するでしょう。

まずはこの基本をしっかり意識して資産形成に成功できるようになりましょう。

答え：資産形成の基本は銀行預金を増やすこと。そしてその一部を投資商品に変える。この基本ができていないのに保険に加入したり借入を増やして収益不動産を保有するとあなたは資産形成に失敗する。

・何故、銀行預金だけでは駄目なのか。

では、給与を得て節約し銀行預金を積み立て続けるだけでは何故、老後に向けた資産形成として充分ではないのでしょうか。大きく分けると、理由は次の三つになります。

1．老後に必要な金額が増える。
2．預金価値は下落していく。
3．手取りは減る可能性が高い。

「1」については第一章をお読み頂いた後ならご理解頂けると思います。

公的年金制度はこれから更に疲弊していくことが予想されています。寿命の長寿化、被保険者の減少により現在のままでは制度の維持が難しいからです。

そうなると、年金支給額の減額・支給開始年齢の引き上げが起こることは必然であり、年金制度が保険制度である以上、やむを得ないことだと思います。

２０１８年現在の平均寿命は男性約80歳、女性約87歳になります。（簡易生命表より）

仮に現在40歳の方が65歳になる２０４３年に平均寿命が5年ずつ伸びているとすると、男性で約85歳、女性で約92歳までの老後の生活費が必要となります。

公益社団法人生命保険文化センターが行った意識調査によると、老後の最低日常生活費は月額で22・0万円、ゆとりある老後生活費は月額で34・9万円必要だとされています。

仮にあなたが現在40歳で、現行制度のままで無事に65歳から年金を受給できたとします。そして年金受給額は現在価値で月額15万円だと仮定します。（第一章参照）

そうなると、平均寿命の85歳（現在より5年伸びた仮定で計算）までそこから20年間は最低でも毎月7万円の生活費が別で必要となるのです。（最低日常生活費月額22万円－年金受給額月額15万円）

つまりそれまでに現在価値で１６８０万円（年間84万円×20年分）の預金を保有しておく必要があるのです。また年金受給額が現在価値で月額10万円になれば、現在価値で２８８０万円（年間１４４万円×20年分）の預金が必要となります。そしてその預金を毎年最低でもインフレ分は確実に運用して利益を出し続ける必要があるのです。

しかもこれはあくまで現行制度の通り65歳から公的年金が受給できた場合の話です。間違いなく、25年後には支給開始年齢が引き上げられ65歳から受給することは難しくなるでしょう。

そうなると、更に預金が必要となります。また65歳まで健康で働けるかというと、多くの方がそれも難しいというのが現実だと思います。

つまり、現在65歳の方が残りの人生で必要となる金額とは異なり、あなたが現在40歳であれば老後に必要となる金額は格段に跳ね上がることが予想されます。

それを全て給与からの預金で賄うとなると、そこまで預金を増やすことは難しいということはご理解頂けると思います。

また「2」の通り、預金価値はこれから下落していくことになります。

第一章でご説明させて頂いた通り、これから日本では毎年インフレが起こり続けることが予想されます。

そうなると、あなたの預金は少しずつ確実に奪われていくことになります。具体例を挙げます。

例えばこれから日本の物価が年間1%ずつインフレしていくとします。そしてあなたが現在100万円の預金を持ち銀行に預けているとします。

25年後、物価は約1・28倍になっていますので、金利0%で計算すると25年後の100万円の預金は現在価値で約78・1万円の価値しかないことになります。

次の年に追加でもう100万円の預金ができたとしても、24年後の物価は約1・27倍になっていますので、その100万円の現在価値は約78・7万円の価値しかないことになります。

このように経済がインフレしている状況下では預金価値が確実に奪われていくのです。タンス預金をしていても同じです。

これは預金価値に限った話ではありません。基本的にインフレに対応できない資産は全て価値が下落していくことになります。

例えると、少し穴の空いたバケツに水を溜めていくのと同じです。少しずつ確実に水が漏れていき、結果として最後は確実に水の量が減ることになるのです。

第一章で申し上げた通り、政府はこれから更にインフレを引き起こしていくと予想されます。

そうなると、預金価値は、「インフレ分－金利分」との差額分が、年々確実に奪われていくのです。

金利は０％に近い状態が続いていますので、預金金利は０％と仮定しても差し支えないでしょう。

そのような状況で25年後に現在価値で１６８０万円や２８８０万円の預金を積み立てていくことは、よほど高収入でない限りは不可能に近いと言っても過言ではありません。

つまりインフレ時代はあなたの預金価値が下落し続けるので、銀行預金の積み立ては資産形成に適していないと言えます。

更に「３」の手取りが減る可能性も極めて高いと言えます。

平成30年の現在、社会保険料の増加はストップしています。しかし平成16年10月から平成29年９月まで、13・９３４％から年間０・３５４％ずつ増加され、平成29年９月には

18・3%まで引き上げられました。

しかし厚生労働省は更なる増額を検討しています。実は既にそれを呼び掛けており、反発が多いので一時的に取り下げたものの、現在の公的年金の状況を鑑みるとこれから更に増額となる可能性は極めて高いと言えます。

また公的年金には一部税金が投入されていますので、所得税が増加するのも想像に難くありません。またこれから納税者が減少するとなると、健康保険も含めた様々な社会インフラを維持するために所得税・住民税が増額となる可能性が高いと判断できます。

そうなると、将来あなたが同じ年収を得続けたとしても、実際に支給される手取り金額は現在より更に減る可能性が高いと判断できます。手取り金額が減額となると、預金を増やすことは難しくなるということは当然ご理解頂けると思います。

結果として、これら三つの理由により、これから給与だけから銀行預金を増やし、将来に向けて充分な資産を形成しておくことは極めて難しいと言えます。

答え：老後に必要な金額が増えるのに対し、これから預金価値が下落していく。また手取りも減り続ける可能性が高いので、銀行預金だけでは老後に充分な資産形成が難しい。

・給与所得とは別の資産形成方法を検証する。

「銀行預金が資産形成の王道である。」と主張しておきながら梯子を外すようで恐縮ですが、銀行預金だけでは老後に向けて充分な資産形成を行うことは不可能に近いと思います。

では、どうすればいいのでしょうか。答えは単純ですが、「給与とは別の資産形成方法を見つける」ことです。給与からの銀行預金だけでは駄目なら他の方法を探すしかないのです。

では、他にどのような資産形成方法があるのでしょうか。

まず副業について考えてみましょう。あなたが役所・企業で公務員・会社員として勤務する傍ら、空いた時間に例えばコンビニでアルバイトをするとします。

仮に月に５万円稼ぐことを考えると、時給が９００円なら約56時間の勤務が必要になります。これを週に換算すると１週間で約14時間程度の勤務が必要となります。

では、あなたに質問します。現在の仕事を続けながら、週14時間、コンビニで勤務することはできますか？

まだあなたが若ければ体力次第で不可能ではないでしょう。でもあなたが40代ならば、現実的に厳しいと言わざるを得ないと思います。

そしてそれを25年間継続することなど、想像するだけでも難しいと思います。

また副業は解禁される方向に向かっているとは言え、未だ殆どの職場では副業が禁止されていると思います。つまり、本業を持つ方が、副業で資産形成を行うことは現実的に考えて厳しいと言えるでしょう。

更に言うと、そこで得た副業の給与もインフレ非対応であり、更に本業と合算で確定申告をすると所得税・住民税も増額されることは間違いありません。

つまり、あなたが副業で資産形成を行うことは現実的に厳しいと言えます。

では次に自営業者として副業することを考えてみましょう。例えばネットショップを開設して商品を販売する、ブログで記事などを発信して広告収入を得る等の行為です。

こう書くと何となく成功できそうな気もしますが、本当に副業で成功することはできますか？　もし、あなたにそれができるなら、もう起業して経営者となりそれを本業化した方が良いと思います。

何故ならその収入源を拡大していけば本業での稼ぎを上回ることが可能になるからです。

たった数万円ならネットで稼げると思うかもしれませんが、あなたに特殊な特技や誰にも負けない知識があり、数年間寝食を忘れて全力で続ける時間と覚悟がない限り、あなたが自営業で稼ぐことは難しいと言っても過言ではないでしょう。

また仮にあなたの自営業が一時的に上手くいったとしても、それを継続するのは至難の業です。理由はしっかりした参入障壁を築けないと、すぐにライバルに模倣されてしまい利益を奪われてしまうからです。

ビジネスは戦争です。本業を別に持つあなたが、軽い気持ちで勝てるようなものでないことは、本業で命を懸けて働いているあなたなら理解できることだと思います。

つまり、あなたが副業で自営業を始めて資産形成を行うことはコンビニでアルバイトをして稼ぐことより更に難しいことだと言えます。

更に突き詰めて考えると、あなたがアルバイトをするにしても、自営業を始めるにしても、共通項があります。それは、「時間が奪われる」ということです。

本業でもない限り、時間のかかる仕事を長期間、新たに追加して継続することはできないと思います。つまり、やはりあなたが副業で資産形成を行うことは厳しいと言えます。

では、どうすればいいのでしょうか。他に方法はないのでしょうか。ありますね。一番代表的なのは株式投資だと思います。では、株式投資について考えてみましょう。

あなたが一生懸命働き銀行預金を積み立て、５００万円の預金ができたとします。これでとある会社の株式を購入するのです。

仮に配当利回りが年間５％で元金の変動がなければ、配当利回りの利益から税金を除いた金額がもたらされることになります。もちろん配当利回りだけではなく、株価が上昇した後に売却すればその上昇分から税金を引いた分は利益とすることもできます。

では、あなたが株式投資で老後に充分な資産形成を行うことは可能でしょうか。結論から言うと、厳しいと思います。それも少し厳しいというレベルではなく、大損する可能性が大だと思います。理由は次の通りです。

まず、あなたが株式投資で利益を出すには二つの方法があります。一つ目は短期売買で利益を出す方法と、長期保有で年間利回りをプラスにして少しずつ稼ぐ方法です。

一つ目の短期売買で稼ぐ方法ですが、これはもう博打と言っても過言ではないでしょう。何故なら株価の値動きに明確な根拠がなく、投機目的の売買となるからです。

短期売買で利益を出したい場合、仮にたまたま何回かの取引で利益を出せたとしても、最終的には必ず失敗します。何故なら、それは単なる博打と同じだからです。博打は最終的に胴元が勝つと決まっているのです。

次に株式を長期で保有して年間利回りをプラスにして少しずつ稼ぐ方法があります。ウォーレンバフェットの投資会社であるバークシャー・ハサウェイ社も長期保有で利益を出していますね。

ただ、それでもあなたが個人で株式の長期保有を行い運用利益を出し続けるのは至難の業だと言えるでしょう。

長期保有目的で株式投資を行うことは、M&Aを行うことと本質的には何も変わりません。もちろんM&Aで100%の株式を取得すると経営権が発生しますので少し意味合いは異なりますが、企業の将来性に投資するという点においては何も変わりません。

そして企業・事業の将来性を見抜くには、その業界に対する深い知識が必要になります。

またあなたはＩＲの決算書と決算説明会の情報から、株価が妥当か、利益は出ているか、経営者は適切な投資をしているか、という点を見抜く必要があります。

あなたにお聞きしますが、あなたにはそれができますか？

もちろん、あなたが本業で働いている業界のことなら多少は理解できると思います。

でも、あなたは株式時価総額の合計金額が割高なのか割安なのか、決算書から読み解くことはできますか？　そしてその企業の経営者はその事業を伸ばしていく上で必要な投資を行っているか、その金額が適切かを損益計算書と貸借対照表から判断できますか？

それができないのであれば、あなたが株式投資で成功することは絶対にありません。

実際、証券会社や保険会社で資産運用を本業で行っているプロですら利益を出すのに四苦八苦しているのです。

プロは大金を動かして株式投資を行っているので時価総額の低い企業によっては株価の変動に大きく影響を与えることができるのですが、それでも利益を出すのは難しいのです。

それどころか、大部分のプロですら市場平均以下の利益しか出せていない状態です。

つまり、あなたが株式投資で運用利益を上げるのは至難の業なのです。株式投資で大損した、という話はあなたも一度くらい聞いたことがあると思います。それぐらい難しいのです。

仮にあなたが株式投資で安定的な利益を出すことができるのなら、証券会社や保険会社に勤務して資産運用の仕事を本業にした方が良いでしょう。

更に株式投資には資産形成に不向きな点があります。それは、自己資金内でしか運用できないという点になります。値動きが激しい株の短期売買を行うなら別ですが（それは最も危険ですが。）、長期の運用では年間利回りをしっかりプラスにしていく必要があります。ただ、たとえ年間利回り３％を出すことができたとしても、あなたの元手が５００万円なら運用利益は15万円になります。５％でも25万円の利益になります。

ここから税金を引いて考えると、とてもこの数字で老後に充分な資産形成を行うのは難しいと言えます。またこれは成功した場合の話になりますので、失敗して元金割れするリスクとリターンを天秤に掛けると、とても効率的な投資とは言えません。

結論として、あなたが株式投資で資産形成を行うことは至難の業だと言えます。ＮＩＳＡのような一定額まで利益が非課税となる口座もできましたが、株式投資で利益を出すのは難しいという本質は全く同じです。

株式投資はどちらかと言えば、損失を出す可能性の方が高いと言えるでしょう。

では他の方法だとどうでしょうか。例えば、投資信託だとどうでしょうか。投資信託だとプロがポートフォリオを組んで運用しているので、成功できそうな気もしますね。

アベノミクスによる財政政策・金融政策以降、民間金融機関は利益を出すのに苦戦しているので、投資信託や保険の販売に力を入れています。

またあなたも含む多くの方が老後に不安を持っているので、資産形成をしようと考えています。結果として、投資信託の販売額が増えているのです。

投資信託関係の本も昔とは比較にならないぐらい売れていますね。ただ、金融庁が投資信託を販売する銀行に調査をした結果、投資信託を保有する個人投資家の半数近くが損失を抱えていることが明らかになっています。（日本経済新聞　２０１８年7月5日）

また仮に初年度に年間利回り５％が達成できたとしても、翌年以降はどうなるか不明です。

次の年にマイナス５％になってしまえば、とても資産形成など覚束ないでしょう。

また投資信託は購入時に販売手数料が発生しますので、販売者はその時点で利益を確定できますが、あなたは販売手数料分は確実にマイナスからスタートしますので、最低でも手数料分の利益を出さないと資産形成どころか損失を抱えることになります。

このように、あなたが投資信託で資産形成を行うことは非常に難しいと思います。また株式投資と同じく、投資信託も自己資金内でしか行えません。

つまり年間利回り５％が達成できたとしても、元金が３００万円なら15万円から税金を引いた分しか資産形成できません。

この数字で老後に充分な資産形成を行うことはよほど大きな元手がないと厳しいと思います。その意味では投資信託も株式投資と同じで、利回り数%という数字が達成できても大きな元手が用意できなければ老後に充分な資産形成を行うことなど不可能なのです。

これはＲＥＩＴ（不動産投資信託）でも同じです。ＲＥＩＴは高くても年間利回り５％程度になりますので、順調にプラスが続いたとしても、元手が少ないと老後に充分な資産形成など絶対にできません。結論として、あなたが投資信託で老後に充分な資産形成を行うことは難しいと言えます。

では、ＦＸや先物取引ではどうでしょうか。ＦＸは外国為替を購入し、高くなってから売却して利益を出す投資方法のことです。また先物取引は事前に取り決めた商品を、特定の期日に売却して利益を出す投資方法のことです。

両方、レバレッジを効かせて行いますので、利益が出る時はいいのですが、損失が出ると莫大な損失となる可能性があります。そのため、これはこれから老後に向けた資産形成を行うあなたにとって堅実な資産形成とは程遠い投資方法だと言えます。

ＦＸや先物取引で資産を築いた話より、莫大な損失を出した話の方が巷に溢れていますね。

つまり、現実的にＦＸや先物取引で資産形成を行うことは難しいと言えます。

次に保険に加入することはどうでしょうか。個人年金保険や満期返戻金のある生命保険に加入し、資産形成を行う。これは、あなたも含めた多くの人が実践している資産形成方法だと思います。

では、保険についてゆっくり考えてみましょう。保険内容は商品や保険会社によって異なりますので個別の事例だけで全てを結論付けることはできません。

ただ、一つ確かなのは、保険は受け取る金額が契約時に決まっているという点です。これが何を意味するのかというと、インフレには一切対応できないということを意味します。

実際に私が相談を受けたケースでは、個人年金保険で加入30年後に受け取れる金額が元金の１・１倍程度になっているものがありました。

このケースでは、仮に年間10万円ずつ積み立てると、30年後に３３０万円支払われることになります。

最初の元金10万円には30年分の利息が付いている筈なので、利息１％だと約１・35倍になっている筈です。しかしそれが１・１倍ということは、利息がどれだけ低いかご理解頂けると思います。

それでもこれから日本がデフレしていくなら問題ないと思います。仮に年間１％ずつデフレしていくとすると、元金が減らないだけで資産形成が成功していることになるからです。

ただ、インフレ時代にインフレ率以下の利息で保険の契約を行うと、あなたの資産は保険会社に少しずつ奪われていくことになります。

理由は「インフレ率－利息分」が毎年確実に奪われていくからです。

もし、これから日本がデフレしていくのであれば問題ありません。ただ、インフレしていくと予想される時代にインフレ非対応の保険に加入すると、資産形成どころか合法的に資産が奪われることになります。

そもそも保険会社は主に安全度の高い国債や外国債券で利益を出しています。利益の源泉である国債利回りが低下している以上、それ以上のリターンを約束するのは苦しくなるのは当然です。

最近では大手保険会社でも国内不動産・海外不動産・海外債権での運用を開始していますす。つまり、それだけ利益を出すのが難しく、運営は厳しいのです。その利益を源泉としている保険であなたが老後に充分な資産形成を行うことは難しいと言えます。

答え：検証した結果、あなたにとって副業・株式投資・FX・先物取引・投資信託・保険では老後に向けた充分な資産形成を行うのは難しいと言える。

・では、収益不動産ならどうか。

では本書の本題である、収益不動産ならどうでしょうか。結論を先に言ってしまうと、収益不動産を購入することは最も有効な資産形成方法になります。では、その理由を説明させて頂きます。

まず収益不動産とは何か、という点からご説明させて頂きます。

収益不動産（投資用不動産・収益物件とも言います）とはマンションやアパート・戸建て、駐車場のような不動産を購入し、それを貸して家賃を得る投資方法のことを言います。

基本的に収益不動産は購入する物件を担保にできるので、元手が少なくても残りは金融機関から融資を受けて購入することが可能なものになります。つまり、株式投資や保険と異なり、レバレッジを掛けることが可能です。

収益不動産で利益を出す方法は二つあります。一つ目が売買益（キャピタルゲイン）、二つ目が家賃収入（インカムゲイン）になります。

まず一つ目の売買益の方ですが、この方法で資産形成をすることは絶対にお勧めしません。理由は、この投資方法は地価や不動産価格の高騰を狙って行う投機行為であり、逆に損失を出してしまうことも多く、税金分を考えると多額の売却益を出さない限り充分な純利益を出すことが難しいからです。

この方法はバブル期やリーマンショック前に流行った方法でもあります。地価や物件価格の高騰を狙って投機で利益を出そうとした会社・個人がその後どうなったかを見れば、推して知るべしです。

地価と物件価格は常に動いていますので、地価の変動を狙って行う売買は株式の短期売買と同じです。本質的には単なる投機なので、とても堅実な資産方法だと言えないことがご理解頂けると思います。

では二つ目の家賃収入はどうでしょうか。これが、私があなたにお勧めする最も手堅い資産形成方法になります。収益物件を購入し、入居者から家賃収入を得て、資産形成を行うのはこれからの時代に合った最も手堅い資産形成方法になります。

理由は次の通りです。

まず一つ目に、収益物件はあなたに自動的に安定した家賃収入を生み出してくれるものになります。あなたもマンションやアパートを借りたことがあるかもしれませんが、その家賃を受け取る側になるとイメージして頂ければ分かりやすいと思います。

もしあなたがマンションやアパートを借りたことがあるならお聞きしますが、直接大家さんに連絡したことはありますか?

恐らく、あなたも「ない」と答えると思います。仮に物件について連絡するとしても、大家さんではなくその不動産の管理会社に連絡するのが普通ですよね。

つまり、収益不動産の大家さんは管理会社に委託することで家賃を受け取るだけになります。収益不動産は「所有」と「運営（管理）」が分離しているのです。

家賃設定等の意思決定は必要になりますが、それ以外の客付けから管理まで全て管理会社が行ってくれます。また一度入居者が付くと、最低でも入居者は数年間そのまま住み続けることが一般的ですので、自動的に安定した家賃を受け取ることができます。

そして二つ目に収益不動産は自己資金以上の金額で安全にレバレッジを効かせることが可能なものになります。収益不動産の利回りはある程度、相場が決まっています。

理由は不動産は相対取引になりますので、売主は市場平均に合わせた価格で売りに出しているからです。

収益不動産は「年間家賃÷物件価格」で利回りを出します。では、仮にあなたが購入しようとしている収益不動産の年間利回りが６％だとします。

物件価格が１０００万円の場合、年間利回り６％だと家賃収入が年間60万円入ってくることになります。

収益不動産は通常ローンを組んで購入することになりますが、仮に１０００万円全額借入して金利が２％の場合、その差額分があなたにもたらされる利益となります。

もちろんここから経費が発生しますので収支計算はもう少し複雑になりますが、このように収益物件はレバレッジを効かせて利益を増加させることが可能なものになります。

そしてそのレバレッジはあなたにとって安全なものになります。理由は不動産という現物が残っていますので、仮に手放すにしてもその売却益を差し引いた金額しか損失とならなないからです。

仮に株式投資で銀行融資が受けられたとします。そして1000万円分の株式を購入して株価が半分になれば、500万円損失を出したことになります。

ただ家賃収入で資産形成を行う場合、物件価格や地価が半分になったとしても、家賃収入が途絶えず収支が合っていればよほど借入金額が大きくない限り運営に問題はありませんので、安全に資産形成を行うことができます。

結果として、収益不動産はローンを組んで購入しても、あなたにとって安全なレバレッジを掛けることが可能な投資商品になります。

安全なレバレッジを掛けることができれば資産形成の速度は加速化しますので、収益不動産での資産形成は、安全に資産形成速度を加速化させることが可能な投資商品だと言えます。

また三つ目に、収益不動産はインフレ対応が可能な投資商品になります。

前述した通り、銀行預金や保険はインフレに対応していないので、デフレ下以外では資産形成に適していないということはあなたにもご理解頂けると思います。

ただ、収益不動産はインフレに応じてその分必ず家賃も上昇しますので、インフレ対応が可能な資産になります。

またインフレとなると同時に収益不動産の価格も上昇しますので、インフレ時代には収益不動産での資産形成が最も適していると言えます。

仮にあなたにまとまった銀行預金があるのなら、そのお金を全て収益不動産に変えておくことも立派なインフレ対策になります。

もしあなたが今から戦後に戻れるなら、何をしますか？　持ってる現金があれば、全て土地を購入しますよね。（ご興味ある方は戦後から現在までの地価の推移と物価の推移をお調べ下さい。）

つまりインフレ時代にはインフレ対応の資産形成が必要不可欠になるのです。そして、収益不動産はそれに最も適した投資商品だと言えます。

四つ目に、収益不動産は生命保険効果があることです。一般的に収益不動産の購入時には団体信用生命保険に入ることになりますが、仮に加入者が死亡又は特定の状態に陥り働けなくなった場合、保険の返金が不要となるのです。

つまり、生命保険よりお得に生命保険効果を得られることができるようになります。事実、私の知る限り、ご主人が内緒で収益不動産を購入し、死後に遺族が無借金の収益不動産を相続したケースもあります。

このように、収益不動産での資産形成は生命保険効果もあります。場合によってはインフレ非対応の生命保険を解約し、収益不動産を購入する方がお得な場合もあります。

五つ目に、収益不動産は私的年金の形成に適しているという点になります。まず老後の生活では、預金を切り崩して生活をすると年々苦しいものとなっていきます。

理由は預金が尽きたり急に病気になり支出が増えたりすると、その後の生活が脅かされるからです。

実際に、退職後に数千万円の預金を保有していても、預金額が減る一方なので常に精神的に穏やかな状態でいられないと不安を抱えているご高齢の方は多数おられます。

ただ、あなたが収益不動産を購入した場合、ローンを返済した後は常に家賃が入ってきますので、老後でもお金を「稼ぐ」ことができるようになります。

そうなると、場合によっては預金を切り崩して生活する必要はなくなりますので、あなたも経済状態に不安を抱えたまま老後を過ごす必要がなくなります。

そもそも資産形成は老後の生活のために行うものになります。そのため、老後でも入金のある収益不動産という資産を若い頃から形成しておくことは、老後に向けた私的年金の形成に適していると言えます。

その他にも幾つかのメリットがある収益不動産ですが、これらのメリットを見るだけでもこれからの時代に適した資産形成方法だと言うことができます。

では、収益不動産ならどんなものでもいいのか、というとそれは違います。例えば土地のオーナーに木造アパートの建設を進め、サブリースで借り上げた業者が途中から家賃保証価格を落としてオーナーが苦しんでいるケースがあります。

また２０１８年には女性専用のシェアハウス「かぼちゃの馬車」の運営につき、家賃保証をしていたスマートデイズ社が倒産し、オーナーが苦しんでいるケースもあります。

新築ワンルームマンションを35年ローンで購入した結果、返済に苦しみ手放しているオーナーもいると思います。

これらの問題は恐らくあなたもご存知の筈です。

つまり、収益不動産ならどんなものでもいいという訳ではありません。また取り敢えずローンを組んで購入し、放置しておいて良いというものでもありません。

では、どのような収益不動産がこれからの時代に相応しい資産形成対象なのでしょうか。

またそれをどのように購入して運用すべきなのでしょうか。

次章ではそれを解説させて頂きます。

答え：収益不動産なら老後に向けた充分な資産形成が可能である。

第三章　収益不動産の中でどれがいいか。

・老後に向けた資産形成にどの収益不動産が相応しいか。

「収益不動産こそが老後に向けた資産形成として最適な投資商品である。」

これは私の偽らざる本心です。但し、収益不動産と言っても一括りにできるものではなく、様々な種類が存在します。

あなたもご存知かもしれませんが、区分マンション、一棟マンション、木造アパート、戸建て、商業ビル、駐車場、倉庫、そして賃貸併用住宅まで存在しますね。

そしてそれぞれに大きさ（広さ）・築年数・価格帯・立地条件などが存在しますので、一つとして同じものはありません。

つまり、収益不動産は様々な角度から分類し、あなたの目的に合ったものを選ぶ必要があります。

では、どのような収益不動産があなたの老後に向けた資産形成に相応しいのでしょうか。

結論を先に述べてしまうと、

「あなたの老後に向けた堅実な資産形成には都心・駅近・築浅《ちくあさ》のワンルームマンションが最も相応しい。」

という答えになります。また新築ワンルームマンション投資には批判が多いのも事実ですが、私は新築ワンルームマンションもあなたの老後に向けた資産形成に相応しい収益不動産だと考えています。

ただ、もちろん買い方によります。収益不動産に種類があるのと同じで、収益不動産の「買い方」にも方法があるのです。

例えば新築ワンルームマンションを35年のフルローンで購入し、毎月少しずつマイナスとなる収支で35年後の完済を目指すとします。

このような買い方だと破綻するのは明白です。ましてや、デフレが続いた時代なら家賃下落に拍車がかかるので、破綻するのは明白ですね。

では、どのように購入すればいいのでしょうか。これについては他の収益不動産と比較してしっかり解説させて頂きますが、まずはあなたの老後に向けた資産形成では「都心・駅近・築浅」のワンルームマンション投資が最も相応しいということをしっかり認識しておきましょう。

答え：老後に向けた資産形成には都心・駅近・築浅のワンルームマンションが最も相応しい。

・ワンルームマンション投資の五つの効果

ワンルームマンション投資では以下の通り五つの効果が見込めます。

まず一つ目は、私的年金効果です。あなたがワンルームマンション投資を行うと家賃収入が発生することになります。そしてローンの完済後は家賃収入を毎月必ず受け取り続けることができるようになります。

家賃収入は不労収益になりますので、老後にあなたが働けなくなった後も受け取り続けることができます。公的年金だけでは充分な暮らしができない時代に家賃収入は心強い私的年金となります。

二つ目は生命保険効果があります。あなたがワンルームマンション投資を行う場合、マンションの購入時に団体信用生命保険に加入することになります。団体信用生命保険に加入すると、あなたが死亡時（又は重度障害になった時）にローンの残債は完済となるのです。

つまり、あなたがワンルームマンションを購入した後、あなたに万が一のことがあれば、遺族に無借金のマンションを残すことができるのです。そうなると、遺族がすぐに売却すればまとまったお金を手にすることができますので、生命保険効果があると言えます。

三つ目は相続税の対策効果になります。相続時に計算する相続財産では、現金は額面のまま相続財産として計算されることになります。ただ、あなたが現金をワンルームマンションに変えておくと、時価の約３割程度の価格で相続財産の額に含めることができます。

四つ目はインフレの対策効果になります。通常、経済がインフレし続ける時には、あなたが銀行預金をしていてもインフレ分から受取り金利を差し引いた価値が毎年確実に失われていくことになります。またタンス預金をしていてもインフレ分は確実に価値が奪われます。

第一章で述べた通り、特にこれからは日本経済ではインフレが続くことが予想されるので、あなたの預金の価値は年々下落し続けていくことになります。

ただ、あなたが自分の現金をワンルームマンションに変えておくと、家賃・物件価格共にインフレ分は上昇していくので、インフレ対策が可能となります。

そして五つ目ですが、ワンルームマンション投資はあなたの資産形成速度を加速させる効果があります。例えば株式投資をして年利３％の運用利回りが出せたとしても、元手はあなたの自己資金額が限界額となるので、資産形成には多額の元手が必要になります。

ただ、ワンルームマンション投資だと元手分を借入で用意できるので、たとえ実質的な運用利回りが3％だったとしても自己資金の数倍・数十倍もの金額から3％の利益が出せることになります。結果として、それがあなたの資産形成速度を加速させてくれます。

以上がワンルームマンション投資の五つの効果になります。ただ、次にお話しさせて頂きますが、その中でも必ず「都心」「駅近」「築浅」のワンルームマンションを選ぶようにしましょう。これらの点を外すと失敗の可能性が高まります。

答え：ワンルームマンションには「私的年金」「生命保険」「相続税対策」「インフレ対策」「資産形成速度の加速」効果がある。

・何故、「都心」「駅近」「築浅」のワンルームマンションがいいのか。

まず何故、都心の物件が良いかご説明させて頂きます。

これから日本の人口が減少していくことはあなたもご存知だと思います。

国立社会保障・人口問題研究所によると、出生一定（死亡中位）推計では2018年に約1億2600万人の日本の人口は2035年には約1億1500万人まで減少し、そして2060年には約9400万人まで減少することが予想されています。

またその中で、単身者世帯が増加し続けていきます。単身者が増加するという現象は自然なことですね。少子化になるということは、未婚者が増えるということであり、未婚者が増えるということは、単身者が増加するということだからです。

そして地方では過疎化が進んでいきます。若者が地方都市に暮らすのではなく、単身で都心に移住することはもはや珍しいことではありません。

第四章で大阪のデータを抜粋しますが、人口流入データをご覧頂かなくても都心に人が集中し、地方の過疎化が進んでいくということはあなたにもご理解頂けると思います。

つまり、これから地方都市で収益物件を運営することは難しくなっていくと言えます。

もちろん、短期で見ると話は変わりますが、長期で見ると人口減少が原因で集客が難しくなることはご想像頂けると思います。

集客が難しくなると、家賃を下げざるを得なくなります。結果として、人口が減り続ける地域でワンルームマンション投資を行うと、長期的に利益を出し続けることは難しくなっていくでしょう。そうなると、あなたの老後に充分な資産形成は覚束なくなります。

そのため、老後に向けた長期の資産形成を考えている場合、「長期的な需要が維持できる」物件を購入することが最も重要な基準になります。

地方都市になると、長期的な需要が維持できるとはとても思えませんので、都心の物件こそあなたの老後に向けた資産形成に相応しいことがご理解頂けると思います。

次に、何故「駅近」の物件であることが重要なのかという点ですが、これもある程度は説明しなくてもご理解頂けると思います。

単身者でなくても、通学・通勤に電車を利用している方は数多くおられます。また単身者世帯では比較的車を保有している数も少なく、駅から遠い物件になると入居付けが難しくなる傾向にあります。

つまり、物件が駅から遠ければ遠い程、集客が難しくなるのが単身者向け物件の特徴なのです。あなたが単身者として暮らした経験があれば、必ずご理解頂けると思います。

家族世帯向けのファミリータイプ物件だと環境を優先するケースも多いので、駅から近いということが必ずしもメリットとはならないケースもあります。ただ、単身者向けだと駅から近ければ必ず集客が容易になります。

当然、単身者でも駅から遠い場所を好む方もいれば、車やバイクを所有しており、駅からの距離を考慮しない方もいます。ただ、それは例外です。

例外に合わせると失敗します。あなたが不動産の賃貸業者であれば、駅から遠いワンルームマンションと駅から近いワンルームマンション、いずれが賃貸契約を取りやすいのか想像することは難しいことではないと思います。

因みに宅建業法では、徒歩1分の距離を80mで計算するよう定めています。駅にもよりますが、最寄り駅から徒歩10~15分を超えてしまうと通学・通勤が難しくなり、場合によっては自転車等も必要になりますので、集客が難しくなるのは間違いないでしょう。

そしてこれからは人口減少・過疎化が進む時代です。そうなると、都心でも駅から遠い物件は集客が難しくなり、長期で見ると資産価値の下落率が高くなっていくと予想されます。

そのため、あなたの老後に向けた資産形成では、駅近の物件を選ぶということは重要な基準の一つだと言えます。

また「築浅」のワンルームマンションを選ぶことも重要になります。理由はマンションの築年数が浅ければその分長持ちするからです。

築35年のマンションと築10年のマンションなら、どちらが長持ちするかは明白ですね。

あなたが老後に向けた資産形成を行うという視点で見た場合、あなたが生き続ける期間は家賃収入が発生し続ける状態を作るということが重要になります

仮にあなたが現在40歳で築35年のマンションを購入し、65歳になる25年後に築60年となったマンションが取り壊しとなれば老後の収入はなくなってしまいますよね。

では具体的にどれぐらいの築年数のマンションが良いかというと、築年数で10年前後の物件が良いと思います。

あなたが現在60歳なら話は変わりますが、現在40歳なら築10~20年前後の物件を中心に

検討すべきです。

理由は築10年前後のマンションなら、あなたが65歳となる25年後もまだ築35年前後なので、残り20～30年間は家賃収入を得ることが可能だからです。

仮にあなたが85歳まで生きるとしても、65歳から20～25年程度貸すことができる物件があれば、亡くなるまで家賃を受け取り続けることが可能になります。

またその後に取り壊しとなったとしても、その時に土地の持ち分を売却すれば更に老後の資金が増えますね。

もちろん、それ以前に作られた物件でも大丈夫なのですが、やはりあなたの現在の年齢から計算して85歳頃まで持つ物件が老後に向けた資産形成には適していると思います。

ただ、絶対に誤解して頂きたくないのですが、マンションが何年持つかは物件より立地・管理によるということです。あなたにもここで考えて頂きたいのですが、そもそもワンルームマンションは何年持つと思いますか？

法的な答えを出すと47年になります。ワンルームマンションは鉄骨鉄筋コンクリート（SRC造）か鉄筋コンクリート（RC造）で作られているのが一般的ですが、SRC造・RC造いずれのマンションでも法定耐用年数は47年と決まっているからです。

では、47年経過すると取り壊しになるのかというとそれは違います。あなたが保有することになるワンルームマンションでは一室ごとに区分所有権が発生します。

そして最終的にはあなたも含めた全区分所有者で多数決を取り、全体の「4／5」以上の賛成があれば建替えが可能となります。

つまり建替えは「4／5」の賛成がないと行われないことになります。実際、現在でも築47年以上のマンションが賃貸募集や売買の対象となっていますね。

では永久にマンションが持つのかというとそれは違います。やはり長期で見ると建替えが必要になるので、あなたもマンションは期間のあるものだと認識しておくことが重要です。

では、具体的にマンションはどれぐらい持つのでしょうか。

最も有名な例は「四谷コーポラス」になります。1956年に東京都新宿区に竣工された四谷コーポラスは日本初の民間分譲マンションになります。

このマンションは2017年5月に建て替えが決定し、同年9月に解体工事が開始されましたが、それまで実に61年間も存在していました。

またこのマンションは解体工事の直前まで満室状態が続いており、実際に61年間しっかりフル稼働していたことになります。

1956年に建てられたマンションは旧耐震基準で作られており、現在のマンションと比較すると圧倒的に脆弱な造りでしたが、61年間しっかり稼働することに成功しています。

では、現在のマンションは絶対にそれ以上持つのか、というとそれは違います。何故なら四谷コーポラスはＪＲ四ツ谷駅近くという東京都の中心部にあったので、立地条件が良く入居希望者が途絶えない状態だったので長持ちしたのです。

マンションは人が住むとしっかり管理されます。そのため、四谷コーポラスは管理状態が良く、手入れもしっかりしていたので、結果として61年間も稼働できたのです。

逆に言うと、マンションはしっかり管理されなくなると寿命は短くなります。ご理解頂けると思いますが、これはマンションに限った話ではありませんね。

例えば車や電子機器でも、しっかり管理を怠らなければ長持ちし、乱暴に扱い長期間使わないことが続くと簡単に故障したり動かなくなったりします。

本質的にはそれと同じです。マンションもしっかり管理を行うことで寿命が長くなるのです。どのような管理をすれば何年間長持ちするのかという事実を数字で挙げることはできませんが、「しっかり管理を行うと長持ちする」という事実はあなたにも感覚的に理解できると思います。

では、どのようなマンションだと長く人が住み、しっかり管理が行われ続けるのでしょうか。答えは簡単ですが、入居希望者が途絶えないマンションだと長く人が住み管理がしっかり行われ続けることになります。

ではここでゆっくり考えて下さい。あなたは長期的に見てこれからどのようなマンションが入居希望者を絶えず集め続けられると思いますか。

もちろん、「立地の良いマンション」という答えが頭に浮かんだと思います。立地の良いマンションであればマンションがどうあれその立地に人が集まるので、結果としてマンションの人気も衰えず入居希望者が絶えない状態が維持できます。

つまり、あなたは絶対に立地の良い収益マンションを購入すべきだ、というのが私の意見になります。立地が良ければ良い程、長持ちさせることが容易になるのです。

但し長期的に考えた場合、やはり平均的には立地が良い物件の中でも築年数が浅い物件の方が長持ちすると言えます。立地が良い物件でも築40年の物件を購入すると、その後40年間持つと考えるのは現実的に難しいからです。

つまり、立地が良く入居希望者が絶えない場所にあるマンションを、あなたが生きている間は取り壊しがなく貸し続けられる程度の築年数の物件を購入することが、あなたの老後に向けた資産形成としては最適だと言えます。

築10~20年前後の物件が最適だと申し上げたのは、あなたが老後に向けた資産形成を考え始める時期はまず最初に40歳前後が目安になると思うからです。

あなたが現在40歳で良い立地にある築20年の物件を購入し、マンションが築65年まで稼働できれば、あなたが85歳になるまで家賃収入を得ることができます。

また仮にマンションが築55年までしか稼働しないとしても、築10年前後のマンションを購入すればあなたが85歳前後になるまで持ちますよね。

つまり、どの築年数の物件が最適かは現在あなたが何歳なのかによって異なります。ただ、平均寿命から考えると、あなたが85歳頃まで家賃収入を受け取り続けることが可能な物件を持つことが老後に向けた資産形成としては最適だと言えます。

そのため、あなたの購入するマンションの築年数が浅ければその分だけ老後に向けた資産形成に適していると言えます。

答え：長期に渡り入居者を確保することができ、物件価値を維持し続けることができるので、老後に向けた資産形成には「都心」「駅近」「築浅」のワンルームマンションが適している。

・「都心」「駅近」「築浅」ワンルームマンションの他の強みは何か。

先に結論から言うと、「都心」「駅近」「築浅」のワンルームマンションは不況に最も強い収益物件になります。

ここ近年で経済が最も落ち込んだ時期を上げるのであれば、やはり２００８年９月のリーマンショックが挙げられるでしょう。

２００８年9月に米国大手証券会社のリーマン・ブラザーズが倒産しました。結果として、米国だけでなく世界中の経済が冷え込む事態となりました。

連鎖的に倒産することになった日本企業も多数あります。この時期、有効求人倍率（総合）が「０・５」を切っていたことからも、どれだけ経済が落ち込んだのかを証明しています。

もしかしたら、あなたの会社も「ボーナスカット」や「派遣切り」、「リストラ」等で大変だったかもしれませんね。

この時期、同じく収益不動産の価格は著しく下落しました。

具体的な数字で言うと、現在、利回り7％前後で売られている商業ビルが利回り15～20％で売りに出されていたのです。

当然、場所にもよりますので一括りにすることはできませんが、市場平均としてこのぐらいの数字まで落ち込んでいたのは周知の事実です。

物件価格で考えると、２０１８年現在に1億円前後で取引されている商業ビルが２０１０年頃には３５００～４５００万円前後で取引されていたのです。

ただ、これは経済状態を考えると仕方ないことでもあります。商業ビルは事業者を対象としているので、景気が悪化すると店子が集まりにくくなります。また店子が集まっても、家賃は下げざるを得なくなりますね。

そのような経済状況下では、資金に余裕のあるオーナーなら耐えることができると思いますが、価格の高い時期に融資を受けて購入したオーナーは融資の返済が厳しくなります。結果として、物件を手放さざるを得なくなるのですが、このリーマン・ショック時のように銀行融資が厳しくなると、収益不動産の購入希望者は融資を受けることが難しくなります。

結果として商業ビルのオーナーは価格を下げて売らざるを得なくなります。これが物件価格下落の原因です。

またこの時期、物件の担保価値も下落することになりますので、銀行から貸し剥がしに合う可能性も高くなります。そのため、低い物件価格でも売却せざるを得なくなる可能性が高いのです。

そしてこれは何も商業ビルに限ったことではありません。例えばあなたが一棟マンションのオーナーだったとしても、物件価格が下落すれば担保価値は下落します。

一棟マンションを現金購入する人は極めて少ないので、結果として物件を低額で売却せざるを得なくなります。事実、リーマン・ショック時には利回り10％はおろか15％程度の一棟マンションも普通に出回っていました。

あなたが当時、不動産価格をチェックしたのであれば、あなたの記憶にも新しいと思います。

このように、経済が不況となり銀行融資の姿勢が一変するだけで、高価格の収益物件や商業ビルの価格は簡単に下落するのです。

ただ、「都心」「駅近」「築浅」のワンルームマンションは異なります。

地域にもよりますが、「都心」「駅近」「築浅」のワンルームマンションは１０００万円台から購入が可能ですので、現金購入する人も多い収益物件になります。

また全額でなくても、例えば一部を現金で、残りを融資で購入する方もおられると思います。

つまり、あなたのワンルームマンションは銀行融資の姿勢だけで購入者が激減し価格が急激に落ちる訳ではないのです。

また不況時には高額な家賃のマンションを引き払い、低額な家賃の物件に移住する方も多いのですが、あなたのワンルームマンションはその受け皿となるので入居者はむしろ増える傾向にあります。

そのため、ワンルームマンション（特に「都心」「駅近」「築浅」）の価格は不況時でも下落率が低いものとなります。

実際に、リーマン・ショック時の「都心」「駅近」「築浅」のワンルームマンションは平均的に利回り7～8％前後で市場に売りに出されており、２０１８年現在の市場平均利回りが5～6％前後であることを考えると（場所によります。）２～３％前後しか下落していないことになります。

このように、ワンルームマンションは不況に強く、どんな経済状況下でも入居者確保に困らない収益物件になります。

あなたが収益物件で老後に向けた資産形成を行う場合、入居者確保・価格の維持が最も重要になりますが、それが達成できるのが「都心」「駅近」「築浅」のワンルームマンションになります。

答え：「都心」「駅近」「築浅」のワンルームマンションは最も不況に強い。

・他の収益不動産を検証する。

では、他の収益不動産だとどうでしょうか。一つずつ検証してみたいと思います。


「一棟マンション・一棟商業ビル」

前述した通り、一棟マンション・一棟商業ビルは不況に弱くデメリットが大きいものになります。メリットを挙げてみると、ワンルームマンションを少しずつ買い増してその数を増やすよりまとめて一度に多くの部屋に投資できるというものになります。

またワンルームマンション投資とは異なり、一棟マンション投資ではあなたが自分で管理費や修繕費を決定することが可能になります。

ただ、この投資は億単位になることが多く、そもそも普通の社会人が簡単に融資を組めるようなものではありません。その意味で、どちらかと言えば不動産事業者や金融業者向けの収益不動産と言えるでしょう。

また借入をして無事に完済できれば利益は大きくなりますが、失敗したり経済が落ち込めばすぐに破産するのは金額的に間違いありませんので、あなたの老後に向けた堅実な資産形成という視点から見るとお勧めはできません。


「木造アパート・シェアハウス」

２０１８年の最初に収益不動産関係で最も注目されたのは、シェアハウス「かぼちゃの馬車」の事件になります。あなたもご存知かもしれませんね。

事件の詳細は省かせて頂きますが、簡単に述べると入居者を埋めるのに苦しい収益不動産（シェアハウス）をサブリースで保証するという形で投資家に購入させた後、サブリース業者のスマートデイズ社が倒産。投資家が大損害を被ったというものになります。

この事件は融資を行った銀行も源泉徴収票や預金残高の改竄に関与していたということ

で融資を行ったS銀行も問題となり行方が注目されています。

では、この事件は何が問題だったのでしょうか。

銀行関係を除くと、問題の本質は「入居者を収支計画通りに集められない」物件を購入させて業者が家賃保証（サブリース）をしていた点にあります。

当然ですが、業者が家賃保証をして一括で借り上げるのはそれ以上の利益が出せるからです。家賃保証額以下の収益しか上げられなければ、業者は家賃保証をして借り上げる意味がありませんね。

つまり、この事件は、そもそもシェアハウス「かぼちゃの馬車」が計画通りの入居者確保ができないにも関わらず、家賃保証（サブリース）という方法で投資家に物件を購入させたことが問題の本質なのです。

もしこのシェアハウスが当初の収支計画通りに入居者確保ができる物件であるならば、家賃保証業者が倒産しても問題ありません。何故なら、短期的に少し損害を被ったとしても、その後は自分でその物件を貸しに出せばいいからです。

このように、集客が難しい収益不動産を購入すると、運営は大変厳しいものになります。

木造アパートでも同じような事が起こっていますね。記憶に新しいものでは、千葉の土地のオーナーにアパートを作らせて、サブリースで借り上げて、少しずつ家賃保証額を下げていき結果として収支が合わなくなったという問題があります。

このように、集客が難しい収益不動産で成功するのは至難の業なのです。

実際に不動産調査会社タスのデータによると、2016年9月時点で東京23区内の木造アパートの空室率は約34%となっています。

もちろん場所にもよりますが、東京23区で約34%となると、それ以外のエリアでは推して知るべしでしょう。

このような状態で、木造アパートで収益を上げていこうとするのは至難の業です。また仮に利益が出たとしても、木造アパートの法定耐用年数は22年と短く、仮に物件が40年持つと仮定しても長期的に収益を上げ続けるのは難しいと言えるでしょう。

少なくても、現在40歳の方が築10年程度の木造アパートを購入すると、老後に取り壊しをすることになります。そうなると、老後に再びローンを組む必要に迫られます。

また入居者は木造アパートより鉄筋コンクリート（RC造）・鉄骨鉄筋コンクリート造（SRC造）のマンションを好みますので、よほど好立地のアパートでない限り、木造物件では長期的に入居者を集め続けるのは難しいと言えます。

また木造アパートの法定耐用年数は22年と短いので、金融機関から融資を受けるのが難しくなります。そうなると、そもそもあなたが参入すること自体が難しいですよね。

結論として、木造アパートで老後に向けた資産形成を行うのは難しいと言えるでしょう。シェアハウスも全く同じです。

「一戸建て」

戸建賃貸投資は一戸建ての家を購入し賃貸に出す方法を言います。住宅ローンを組んでマイホームを購入する方は多いと思いますが、それを買って貸す、という投資方法のことを言います。

基本的に一戸建ては木造ですので、法定耐用年数が22年と短く融資を受けることが難しいものになります。また仮に一部融資を受けられたとしても、長期で見ると、やはり老後に向けた資産形成としては適していないと言えるでしょう。

理由は、これから家族世帯が減っていくからです。第四章で大阪のデータを出しますが、大阪に限らず日本全国で単身者が増加し単身世帯が増えているのです。

一世帯当たりの人数も減り続けていますので、あなたがこれからファミリー向けの戸建賃貸投資を行うと将来的に入居者確保で苦戦することは明白です。

またやはり構造が木造になりますので、長期的な資産形成には適していないと言えるでしょう。

そして戸建ては画一的なものだけでなく、個人の嗜好に合わせた造りになっていることも多いのが実情です。そのような中古戸建てを購入するには融資を受けることが難しく、入居付けも難しくなりますので、やはり資産形成が難しいと言えるでしょう。

戸建賃貸投資で有名な方法は、築古の戸建を現金で安く購入してリフォームし高利回りを実現する方法です。ただ、これも現在では通用する方法ですが、25年後は間違いなく入居者集めに苦労するようになるでしょう。

またこの場合はほぼ融資を受けることができないので、あなたが全額自分で現金を用意する必要があります。そうなると、とても効率的とは言えないので、やはり資産形成に適しているとは言えないでしょう。

「ファミリータイプのマンション」

ファミリータイプのマンションはワンルームのような単身者向けの物件ではなく、家族世帯向け（3LDK等）の物件になります。

法定耐用年数はワンルームマンションと同じになりますが、戸建賃貸と同じで家族世帯の集客を目的とした物件は長期で見ると集客が難しくなると言わざるを得ません。

そのため、やはり老後に向けた資産形成には適していないと言えるでしょう。

このように見ていくと、やはり「都心」「駅近」「築浅」のワンルームマンションがあなたの老後に向けた資産形成には最も適していると言うことがご理解頂けると思います。

資産価値の維持という観点からも、長期的な入居者の確保という観点からも、あなたの老後に向けた堅実な資産形成にはワンルームマンションほど適した収益物件は他にありません。

答え：他の収益不動産と比べてもワンルームマンションは老後に向けた資産形成に適している。

では、次にあなたの老後の資産形成に向けたワンルームマンション投資では、具体的にどのエリアの物件に投資すべきなのでしょうか。これについては次の章でしっかり解説させて頂きます。

第四章　どの地域のワンルームマンションが良いか。

・「都心」とは具体的にどこを指すのか。

第三章では「都心」「駅近」「築浅」のワンルームマンションが老後に向けた資産形成に適しているとお話しさせて頂きました。

では、「駅近」「築浅」の物件はどの都道府県にもありますが、「都心」とは具体的にどこを指すのでしょうか。

あなたは恐らく「東京」や「横浜」、「大阪」などを思い浮かべたと思います。全て間違いではありません。何故なら大都市の中心部であれば、長期的に見て集客に苦しむことはないと予想できるからです。

例えばあなたが東京・銀座駅の駅近物件や大阪・難波駅の駅近物件に対し、20年後は今と違って集客が難しくなるだろうと感じることはないと思います。

私が住んでいる京都府でさえ、たとえ20年後であっても烏丸御池や祇園四条駅周辺の物件で集客が難しくなることはないと思います。

つまり、都道府県に拘る必要はなく、その都道府県内の「都心」であることに拘って頂きたいと思います。理由は都心には必ず人が集まるからです。

地方の都道府県であったとしても、県庁所在地かそれに匹敵する都市ならば20年後に集客がどうなるかを予想することは容易にできますよね。

そのため、「都心」であることに拘りましょう。また市区町村が人口予想の統計データを発表しているのであれば必ず投資判断に活用するようにしましょう。

答え：「都心」は各都道府県内で人が最も集まる場所を指す。

・どの地域の「都心」が良いのか。

では、「都心」ならどこでもいいのか、というとそれは少し違います。都心であることは必要条件ではありますが、十分条件ではありません。

何故なら都心の物件であったとしても、割高な物件を購入してしまうと採算を合わせるのが難しくなってしまうからです。そのため、あなたは都心の中でも少しでも条件の良い場所の物件に投資すべきだと言えます。

収益物件は基本的に管理会社に管理を委託することになりますので、あなたが行う仕事は殆どありません。そのため、場所は日本全国どこの物件を購入しても全く問題ありません。

つまり、自分の住んでいる地域に拘る必要はないのです。そのため、日本全国の都心の物件の中から、あなたが最も利益を出しやすいと思える場所にあるワンルームマンションを選ぶようにしましょう。

では、具体的にどこがいいのかというと、２０１８年では大阪がベストだと思います。都心と聞いて真っ先に思い浮かぶのは東京だと思いますが、２０１８年現在の東京の物件は地価が高騰しているので、あなたに強くお勧めすることはできません。

東京の中でも地域や物件の種類・価格によりますので一括りにして良し悪しを論じることはできませんが、平均的に見ると収益を出しにくい価格まで高騰していると思います。

恐らくこれから数年間は大阪が良いという状態が続くと思いますので、あなたにその理由と大阪の特徴について少しお話しさせて頂きます。

答え：２０１８年現在では大阪の「都心」がベスト

・何故、現在の「東京」のワンルームマンションは駄目なのか。

まず最初に断っておきますが、私はここで地域としての良し悪しを論じている訳ではありません。私は大阪も大好きですが、東京も大好きです。だから大阪が良いと一概に言いたい訳ではありません。

ただ、経済合理性の観点から考えて、２０１８年現在にあなたが老後に向けた資産形成を進めていくなら平均的に見て大阪のワンルームマンションに投資する方が合理的だと思います。

理由は次の通りです。

まず、東京都の中心部は地価が高騰している点が挙げられます。

まずワンルームマンションは区分所有法により建物の床面積全体の割合に応じて土地を保有することになります。例えば各部屋の床面積の合計が１０００㎡であなたの有する部屋の専有部分が20㎡であり、土地が１００㎡ならあなたの土地の持ち分は２㎡となります。

現在、アベノミクスによる財政政策・金融緩和により投資活動が活発化しています。また政府が誘導したのも事実ですが、リーマン・ショックで崩壊した地価がアベノミクスで再び高騰し、場所によってはバブル期に匹敵する程度まで上がっています。

有名なのは東京銀座４丁目の山野楽器銀座本店の地価ですね。日本一高い地価で知られる場所ですが、２０１８年1月時点で公示地価が５０００万円／１㎡を超える価格まで上昇しています。

銀座の公示地価は２０１８年の時点でバブル期を超えています。リーマン・ショック後に１㎡当たり１２００万円以下に落ち込んだ公示地価は２０１７年の時点で１㎡当たり２５００万円を超えており、東京都の中心部は地価が高騰していると言えます。

ただ、東京23区の公示地価の平均で見るとまだバブル期の１／３程度なので全体的に高騰しているとは言えませんが、やはり都心のワンルームマンション投資という点から見ると東京23区の中でも中心地を狙うことになりますので地価の上昇分がリスクと言えます。

地価の上昇分がリスクなのは、地価の下落・崩壊があった場合に耐えられなくなるからです。バブル期崩壊後によく見られた例は、バブル前に銀行借入で数億円分の土地を仕入れた後、地価が崩壊して半値以下になり、銀行から追加担保の要求と貸し剥がしで苦しんだというケースです。

地価は絶えず動いているものになりますので、あなたが高騰している土地を購入することは危険な行為になります。

地価は世界中の投資マネーの動きによって変動することも多く、投資マネーは簡単に国境を越えますので、バブル期のピークだった25年前の「世界の物価」と比較するとまだバブル期程には達していないという見方もできます。ただ、やはり高騰しているのは事実です。

既に東京都の中心部では利回り３％前後の収益物件も出回っており、長期で見ても採算割れする物件価格でも取引が行われていますので、今からあなたがその金額帯の収益物件を購入すると運営はかなり厳しいものとなるでしょう。

地価の崩壊が物件価格の下落に直結することはもちろんですが、その時期がいつ来るのか、そもそもそんな時期が来るかどうかも不明です。

一つのキッカケとして２０２０年の東京五輪が噂されていますが、東京五輪の終了と地価崩壊は何ら本質的な因果関係はありませんので、これも一つの予想に過ぎないと言えます。

ただ、銀行融資の姿勢次第で不動産価格が崩壊する可能性がある以上、長期的に見て採算割れする価格で物件を購入することは極めて危険な投資だと言えます。

当然、私はこれから中長期で見ると日本ではインフレが起こり続けると思っています。しかし短期で見ると分かりません。もしかしたら、たまたま銀行融資が厳しくなり地価が崩壊したり、金利を引き上げて不況を作り出す政治家が政権を握るかもしれません。

アベノミクスという金融政策をあなたも含めた国民全員が知った以上、そんな政権や金融政策は長続きしないと思いますので、長期で見ると不安材料はないのですが、短期で見ると分かりません。

その場合、あなたが高値掴みをしてしまった物件は直ちに担保価値を失うので、銀行から一斉に貸し剥がしに遭うことになります。

つまり、あなたが現在の市場平均価格で東京の物件を購入すると、地価の崩壊時に苦しむことは明白です。将来の確かな予測はできない以上、家賃収入で採算の合うワンルームマンションに投資すべきと言えます。

そして東京のワンルームマンションは地価が高い分、土地の割合が高く、地価の動きが資産価値に大きな影響を与えます。

物件にもよりますが、物件価格の割合が建物3割・土地7割程度の物件が多く、地価の影響を強く受けますので、地価高騰時には向いていない投資エリアだと言えます。

そして土地部分が多いと建物部分に適用される減価償却費が減ってしまいますね。これも不動産所得が黒字となる原因の一つであり、所得税・住民税が増税される原因になります。

そのため、東京の物件は２０１８年現在は投資に不向きだと言えます。

また東京都のワンルームマンションは「絶対額が高く堅実な資産形成に不向き」という点も挙げられます。

例えば床面積20㎡で利回り4～5％の物件があったとします。築年数にもよりますが、東京23区内の主要駅近くの物件だと家賃は10万円程度見込めると思いますので、物件価格は２５００~３０００万円程度になると思います。

仮にこの物件が築10年であり、あなたが現在40歳で老後に向けた資産形成として購入した場合、65歳までにローンを返済しようとするとマイナスの収支が25年間続くことになります。

仮に25年間、元利均等返済・金利３％という条件で、２５００万円を返済するとなると、毎月の返済額は約12万円になります。３０００万円なら約14万円になります。

当然、これはキャッシュフローになりますので、収支は恐らく黒字になり追加で所得税・住民税が課税されることになります。

そうなると、この物件を維持することは難しくなるでしょう。何よりあなたがよほど高収入でない限り、経済的にも精神的にも苦しい日々が続くでしょう。何故なら入退去時に発生する経費等を含めて考えると、マイナスが続くだけになってしまうからです。

実はこの数字は新築ワンルームマンション投資によくあった数字の例になります。中古で利回り４~５％で設定していますが、新築ワンルームマンションもこれぐらいの利回り・条件で投資する方が多かったのです。（正しくは新築ワンルームマンションのローンは約35年で金利は更に高い可能性があります。）

つまりこの条件の投資マンションを購入した方が現在苦しんでいるのです。となると、あなたがこれから投資をするにはあまり良い条件とは言えないことが分かります。

ただ、もし絶対額が低いと、同じ利回りでも変化に耐える力が高まるので堅実に資産形成を行いやすいのです。例えば同じ年間利回り４～５％の物件でも物件価格が１０００万円なら、25年・金利３％のローンを組んでも毎月の返済額は約４・７万円になります。

そしてここで繰り上げ返済を使うと、金利を抑えることができるのです。

詳しい例は第五章で説明させて頂きますが、ここでもし、毎月５万円（年間60万円）を元金返済に回すと約10年で借入が完済となります。

そしてその後、もう１件、同じ１０００万円程度の物件を購入し借入が完済した物件の家賃も充てると安全に資産形成速度を加速させることができます。

ただ、東京の主要駅に近い物件で築年数が10～20年のワンルームマンションだと価格が２５００～３０００万円以上するのが普通ですので、そうなると繰り上げ返済を使っても元金を完済するのが難しく、元金返済まで長期間掛かることになります。

同じ利回りで元金返済するなら同じと思われるかもしれませんが、全く違います。同じ利回りでも借入元金の絶対額が高ければ、それは確実にあなたの弱みとなるのです。

３０００万円以上の物件なら、繰り上げ返済を使ってもなかなか借入元金が減らないことになります。そうなると、経済環境の変化に耐える力が弱まるので、投資は少しずつ苦しいものになっていくのです。

あなたの老後に向けた資産形成で重要なのは、絶対に借入に対する正常な危機意識を忘れてはならないということにあります。この点を忘れて投資規模を拡大した方が、最終的に破綻するケースが枚挙に暇がないことはあなたもご存知の筈です。

つまり、借入の絶対額を可能な限り低く抑えていくことが、あなたの老後に向けた「堅実な」資産形成には重要なのです。

3000万円のワンルームマンションをフルローンで購入するぐらいなら、同じ築年数・利回りの1500万円のワンルームマンションを一つ購入し、早めに完済し、完済後（又は完済が見込めた後）にそれを担保にもう1軒購入する方が破綻リスクは減少されるのです。

何故なら借入元金の絶対額を低く抑えることができるからです。このように借入元金の絶対額を低く抑えることが、あなたの変化に耐える力を強くしてくれるのです。

投資利回りや収益性という観点から投資の是非を判断するのは経済学者や評論家であり、実際に資産形成を行う投資家ではありません。つまり、経済学者や評論家の話は「絶対額」の概念が抜け落ちているのです。

具体例を挙げます。例えばとある投資商品があり、その投資商品への投資では年間利回り3％の利益が出るとします。このケースであなたの元手が100万円なら利益は年間3万円、元手が1億円なら利益は年間300万円になります。

これらをまとめて「利回り３％の投資商品だから同じだ。」と一括りにするのは間違っているのです。あなたの資産の状態にもよりますが、一般的なサラリーマンにとって年間３００万円は大金ですが、年間３万円なら資産形成といえる額ではありません。

そしてもしこの投資商品の元金部分が３割下がったとすれば、１００万円の投資なら30万円補填すれば済みますが、１億円の投資なら３０００万円補填する必要があるのです。

一般的な社会人が年間３０００万円の損失を出したら、破綻は間違いないでしょう。ただ、年間30万円の損失ならいくらでも挽回できると思います。

つまり、投資で大切なのは、利回りよりも絶対額なのです。あなたの投資リスクは絶対額を上げることによって確実に上がるのです。

投資家が企業価値を判断するために投資利回りを数字で計算するとなると話は変わりますが、個人で投資を行う場合は自分でコントロール可能な絶対額を常に意識して投資を行う必要があるのです。

私の知る限り、その部分を疎かにしている投資家は悲惨な結果を迎えています。調子の良い時はいいのですが、少しでも歯車が狂うとすぐに破綻するのは借入元金の残高がリスクの許容量を超えている方になります。

理由は少しでも負の変化が訪れると、その変化に耐えられなくなるからです。

仮にリーマン・ショックのようなことが再び起こり、物件価格が２割減少しても、１０

00万円の物件なら200万円です。あなたに取って200万円という金額なら耐えられない金額でもないと思いますので、必要以上に銀行が貸し剥がしに動くとは思えません。そうなると、家賃収入がある限りは物件価格の下落など無関係で資産形成を進めることができます。

ただ、これが3000万円の物件なら異なります。価格が2割下落すれば600万円の損失です。600万円なら場合によっては担保割れする可能性があるので、追加担保の要求が入るかもしれません。3割だったらもう大変ですね。

このように、投資にはリスクという概念が存在するのです。そしてそのリスクは借入の絶対額が上がることによって高まり、絶対額を低くすることによって下げることができるのです。絶対額があなたの経済的許容量を超えた場合、変化に耐える力が弱くなるのです。

もちろん、あなたが億万長者を目指して伸るか反るかの勝負をするため、腹を括ってリスクを取るなら別です。ただ、老後に向けた資産形成では絶対にリスクを高めてはいけません。

もう一度考えて見て下さい。あなたは、何故ワンルームマンション投資を行うのですか? 老後に向けた資産形成の為ですよね? だったら本来はリスクなど取る必要がないのです。つまり、あなたが絶対的に高いと感じる物件に手を出すことは間違っているのです。

それを利回りが同じだから大丈夫などと言う観点から投資を行うと、苦しい結果が待っています。そのため、あなたはまず小さい金額のワンルームマンションに投資を行い完済を目指すべきです。

そして、その後もゆっくりワンルームマンション投資を進めていくことが、あなたの堅実な資産形成の第一歩になるのです。

もちろん、絶対額によるリスクはあなたの収入・資産状況によって異なります。あなたが年収1億円なら、1000万円台の物件を購入することは取引の時間が無駄になるので、利回りが同じなら許せる金額の中で最も高い物件を買うべきでしょう。

ただ、多くの人はそうではない筈です。公的年金だけでは不安になるからこそ資産形成を行うのであれば尚更です。絶対に変化に耐えられないリスクを取ってはいけません。

その観点から考えると、現在の東京のワンルームマンションは不適切だと言えます。何故なら物件価格内の土地割合が高く、地価が他地域と比較して圧倒的に高いので、絶対額が高くなり個人のリスク許容量を超える可能性が高いからです。

もちろん物件にもよりますので一括りにすることはできません。ただ、あなたが堅実に成功したいならリスクを抑えるために価格の低い物件に投資し、それをゆっくり増やしていくべきでしょう。

そうなると、基本的にはあなたが2018年現在に東京のワンルームマンションで資産形成を行うことは避けるべきだと言えます。

答え：「東京」のワンルームマンションは土地割合が高く地価の影響を受けやすい。また他地域と比較して一物件当たりの絶対額が高いのでリスクが高い。

・何故、現在は「大阪」のワンルームマンションが良いのか。

先ほど東京の物件の特徴について伝えさせて頂きましたが、2018年現在の大阪のワンルームマンションはそれらのデメリットを克服できるものになります。

まず、大阪は東京のワンルームマンションと比較すると地価が低く、平均すると建物・土地の割合が半分程度になることが一般的です。

当然、これには地価が関係しています。

2018年の公示地価（住宅地）では、東京都の上位五区の1㎡当たりの地価は以下の通りです。

東京都千代田区：261・8万円
港区：　　178・1万円

中央区：　１１９・６万円
渋谷区：　１１４・２万円
目黒区：　８７・６万円（端数は全て四捨五入）

そして大阪市の上位五区の１㎡当たりの公示地価（住宅地）は以下の通りになります。

大阪市中央区：　５０・８万円
西区：　５０・３万円
天王寺区：　４９・０万円
北区：　４３・３万円
福島区：　３５・９万円（端数は全て四捨五入）

場所によっては大阪でも地価が高騰しているところもありますが、東京都と比較して頂くと相対的に見て地価が低いことがご理解頂けると思います。

つまり、あなたが大阪のワンルームマンションに投資をすると、物件価格に対する土地部分の割合が比較的小さいので地価の影響を受けにくいと言えます。

また地価が低いと物件価格に対する建物部分の割合が高くなりますので、結果的に減価償却費が上がり利益を出しやすくなるのです。

そして東京の物件と比較すると大阪の物件は地価が低い分、物件の絶対額も低くなります。

つまり物件価格が低いので、大阪の物件の方がリスクが低いと言えます。

具体的には2018年現在、同条件なら東京都中心部の物件で2500万円程度の物件が、大阪だと1200万円程度で購入できます。

あなたが堅実な資産形成を目指すのであれば、まずどちらを購入すべきかは明白ですね。追加で述べさせて頂くと、東京都で家賃が10万円取れる物件であれば、同じ条件なら大阪では6万円程度になると思います。つまり、大阪の物件の方が平均的に利回りが高く収益を出しやすいと言えます。

また東京は2020年の五輪以降に目立ったイベントはありませんが、大阪はこれから更に経済成長が見込まれる都市になります。

まずカジノ建設があります。カジノ建設を含むIR法案は2018年7月20日に可決されましたので、これから日本でもカジノが建設されることになります。

大阪府・大阪市は湾岸部の人工島・夢洲にカジノ建設の誘致をすべく必死になって動いていましたので、真っ先に候補地として大阪の夢洲が上がることは間違いないと言えます。

事実、海外のIR事業者は法案が実現しIR整備が整った場合、大阪・夢洲に積極的に投資することを明言しています。

カジノが出来た場合、その経済効果は年間2兆円とも言われていますが、大阪府のGD

Ｐが約40兆円であることから考えると、実に５％の経済効果となります。

そうなると、更に大阪に人が集まり街が発展し、物件価値が向上することは間違いないでしょう。

また２０２５年の万国博覧会大阪招致構想があります。未だ決定はしていませんが、日本・大阪も三つの候補地の内の一つに入っており、実現できれば多額の経済効果が見込めます。

更に訪日外国人数の増加も経済効果が見込めるでしょう。

日本政府観光局のデータによると、２０００年に年間４７０万人程度だった訪日外国人数は２０１３年に１０００万人を突破し、２０１７年には約２８７０万人もの外国人が日本を訪れています。

少子高齢化による経済対策の一つとして、政府は訪日外国人数の増加を目指しています。結果として急激に訪日外国人数が伸びており、その分は確実に経済効果が見込めると言えます。

また観光庁の２０１６年のデータによると、訪日外国人の日本での訪問先は「東京・千葉」に続き「大阪」が３位にランクインしています。更に「京都」を加えるとこれら四都市で全体の約６割を超えている状態です。

また政府はこれから更に訪日外国人数を増加させることを目標としています。そうなると、訪日外国人が多く訪れる地域は更に経済効果が見込めるでしょう。

つまり、大阪の経済はこれから更に成長する可能性が高いと言えます。

このように、大阪はこれから経済成長が更に見込める場所になります。そうなると、物件価格が相対的に上昇するのは間違いありませんので、大阪のワンルームマンションに投資することは老後に向けた堅実な資産形成に適していると言うことができます。

答え：地価が低く物件価格の建物割合が低いので利益を出しやすい。また物件の絶対額が小さいのでリスクが低く、これから更なる経済成長が見込める。

・統計データから「大阪」を考える。

「地方ではこれから過疎化が進むが、都心には人が流入する。そしてこれから単身者が増加するので一世帯当たりの人数は減っていく。」

この仮説に基づき「都心」のワンルームマンションをお勧めしているのですが、では、本当に都心には人口が流入し一世帯当たりの人数は減っていくのでしょうか。

大阪を例に具体的な数字で説明させて頂きたいと思います。以下の表をご覧下さい。

表１　都心人口流入データ・単身者数増加のデータ

	人口の推移（大阪市）	１世帯当たりの人員
平成19年	約 264 万人	2.07
平成24年	約 267 万人	2.01
平成28年	約 270 万人	1.97
平成29年	約 271 万人	1.95

表２　人口増減数平均上位７位

	中央区	北区	西区	浪速区	天王寺区	淀川区	福島区
平成26−7年	4,106 人	2,995 人	2,690 人	2,597 人	1,230 人	1,188 人	719 人
平成27−8年	2,388 人	2,316 人	3,092 人	1,235 人	1,561 人	1,350 人	868 人
平成28−9年	1,349 人	981 人	3,429 人	2,145 人	1,082 人	1,349 人	1,029 人

表３　１世帯あたりの人員（平成 29 年 10 月 1 日現在）

中央区	北区	西区	浪速区	天王寺区	淀川区	福島区
1.57	1.66	1.76	1.45	1.98	1.83	1.90

表1をご覧頂くと、あなたにも大阪市の人口は増え続けていることがご理解頂けると思います。大阪の中心地は現在でも人口が増え続けており、これからも更に増え続けることが予想できます。

また一世帯当たりの人数は確実に減少しており、表からもこれから更に減少し続けることが予想されます。

次に表2をご覧頂くと大阪市の3年分の人口増減平均上位7区の人口増減数がご確認頂けると思います。

この通り、大阪市の中心地では人口増加が続いているのです。収益不動産の需要は人口と比例しますので、これから人口増加が続いている場所では物件価値が高まり続けることが予想されます。

また平成19年と平成29年を比較すると、一世帯当たりの人員数が減り続けていることが分かります。そうなると、家族向けの物件より単身者向けの物件の需要が高まり続けることが分かりますね。

そして表3をご覧頂くと、一世帯当たりの人数が全て2・0を切っていることがご理解頂けると思います。つまりこれは都心では単身者世帯が多いことを示しているのです。

このように、大阪市では中心部に人口流入が続き、単身者世帯数が増えていると言えます。また過去の状態から判断すると、この傾向が変わる可能性は極めて低いと考えられます。

そのため、都心のワンルームマンションで資産形成を考えるべきだと言えるのです。

答え：統計データから考えても、都心には人が集まり単身者世帯は増加し続けると予想できる。

・他の地域なら駄目なのか。

結論から申し上げると、「都心」「駅近」「築浅」のワンルームマンションで土地部分の割合が半分程度に抑えられる物件ならどの地域のワンルームマンションでも資産形成には問題ないと思います。

例えば名古屋のワンルームマンションなら駄目なのか、と言われるとそれは全く違います。

しかし名古屋であったとしても都心にない物件や、駅から遠い場所にある物件、築年数が古い物件や経済発展が見込めない地域の物件ならあなたの堅実な資産形成には適していないと思います。

つまり本質的には都道府県の問題ではなく、その中の地域の問題だと言えます。その県の中で最も栄えている街であれば、よほどの悪条件でもない限り20年後でも集客可能だと言えるでしょう。

ただ、経済の成長が見込める都道府県に越したことはありません。そして収支不動産は管理を管理会社に委託できる分、遠隔地に投資することが容易なものになりますので、自分の住まいの近くより経済の成長が見込める場所に投資すべきと言えます。

また都心で人が集まりやすく、地価が高騰していない物件の方があなたの資産形成に適しているのはご理解頂けると思います。

このように考えると、2018年現在では大阪市内の物件がベストと言わざるを得ません。

答え：どの地域であっても「都心」「駅近」「築浅」のワンルームマンションで土地部分の割合が半分程度に抑えられる物件なら問題ない。ただ、経済成長という視点から見ると、現在好条件が整っているのは大阪のワンルームマンションだと言える。

では、「都心」「駅近」「築浅」のワンルームマンションで土地部分の割合が半分程度に抑えられる物件で、大阪市内にあれば良いのでしょうか。

梯子を外すようで恐縮ですが、実はそれだけでは充分ではありません。あなたの老後に向けた資産形成として行うワンルームマンション投資では、絶対に破綻しないよう注意深く進めていく必要があります。

そのためには「買い方」に最大限注意して物件を購入する必要があるのです。その「買い方」については次章でしっかり説明させて頂きます。

第五章　ワンルームマンションで「堅実な」資産形成を行う方法

・ワンルームマンション投資におけるリスクは何か。

あなたがワンルームマンション投資で資産形成を行う過程では、必ずリスクが発生します。

では、ワンルームマンション投資ではどんなリスクが存在するのでしょうか。

まず一つ目に物件が空室となり空室状態が続くことが挙げられます。ワンルームマンション投資では入居者からの賃料が収入源になりますので、当然ですが、空室になってしまうと収入はなくなります。

では、ワンルームマンション投資で空室は発生するのでしょうか。空室率のデータは様々な会社が発表していますが、今回は「株式会社ライフル（Home's）」のデータを使わせて頂き大阪の状況について解説させて頂きます。

株式会社ライフル（Home's）の「見える！賃貸経営」の分析データによると、大阪府の賃貸住宅の空室率は20・1％になります。総務省の平成25年のデータでは全国の空室率が13・1％になりますので、概ね間違いない数字だと言えます。

またこれは大阪府全体であり、大阪市の中心部になると更に低い数字だと言えます。またその中でも駅近・築浅のワンルームマンションだと更に低い数字だと言えますので、都心にあるワンルームマンションの空室率は概ね5％前後だと言ってもご納得頂けると思います。

つまり「都心」「駅近」「築浅」のワンルームマンションはほぼ満室の状態が続いていると言っても過言ではないと思います。

本質的に不動産には一つとして同じものがないので100％厳密なデータを出すことはできないのですが、「都心」「駅近」「築浅」のワンルームマンションだと最低でも空室率は1割を切ると言えることはあなたにもご理解頂けると思います。

そして既にこれまでに説明させて頂きましたが、これから都心には人口流入が続き、単身者世帯が増え続けていきますので、「都心」「駅近」「築浅」のワンルームマンションは長期に渡り空室率の心配がないと言えます。

二つ目に、賃料が下落する点が挙げられます。これも既に説明させて頂きましたが、基本的にマンションの家賃は年間平均で約1％ずつ下落し、約30年後に下落率が止まることになります。

ただ、これからはインフレが予想される時代になり、インフレになると家賃もインフレ分は確実に上昇していきますので、家賃下落率は確実に抑えられることになります。そして過疎化が進む地域では必然的に家賃下落率が上昇することが予想されます。ただ、これも都心の駅近物件だと需要が見込める分、家賃下落率は低くなることが予想できますので、都心の駅近物件だとリスクを抑えられることになります。

三つ目に滞納・天災・事故リスクがあります。

滞納リスクは入居者が家賃を支払わない場合のリスクです。ただ、これは入居時に連帯保証人を設定するか家賃保証会社への加入を義務とすることで補填することができますので、コントロール可能なリスクだと言えます。

また天災リスクがあります。火事・地震等のリスクについてですが、これも保険がありますので、しっかり保険に加入し入居者にも保険加入を義務付けすることでコントロール可能なリスクだと言えます。

そして事故リスクがあります。ただ、全体的な比率で見ると極めて小さい可能性になりますので、そもそもリスクが低いものになります。また仮に事故（死亡・自殺等）が発生した場合、連帯保証人に損失分を請求することもできるので、これもコントロール可能なリスクと言えます。

四つ目に借入金利の上昇があります。基本的に収益物件の融資は変動金利型で受けることになりますが、変動金利の場合は半年ごとに金利が変動し、5年ごとに返済金額も変更となりますので、金利上昇はリスクの一つになります。ただ、これは後にしっかりご説明しますが、「繰り上げ返済」を行うことでコントロールが可能になります。「繰り上げ返済」で支払金利の総額を下げることでリスクのコントロールが可能になるのです。

五つ目は借入の返済ができなくなるリスクがあります。

家賃の下落や金利の上昇も直接的な原因になりますが、その他の理由で借入の返済が滞る可能性もあります。例えば毎月キャッシュフローがマイナスになる収支で運営を行い、あなたが本業での稼ぎを失なえば、当然その分は負担になり返済できなくなる可能性もあります。ただ、これも同じく「繰り上げ返済」を行うことでリスクを下げることができます。「繰り上げ返済」を行い早く元金を減らすことで返済額が少なくなるので、それでリスクをコントロールすることが可能です。

このように、ワンルームマンション投資のリスクは未然に防ぐことが可能です。ただ、二番目・四番目の家賃下落リスクと金利上昇リスクはしっかり認識しておく必要があります。

基本的にあなたがこれらのリスクをしっかり抑えることができれば、ワンルームマンション投資での資産形成は成功したも同然です。ただ、これらのリスクをコントロールできないと、ワンルームマンション投資での資産形成はリスクがあり破綻する可能性もあるものとなります。

ワンルームマンション投資で破綻する原因は借入の返済ができなくなることです。返済が滞る可能性こそが、あなたのワンルームマンション投資をリスクあるものとします。

仮にあなたがワンルームマンションを全額現金で購入し、建て替え時まで運営していくのであれば、金利や不動産価格がどう変化しても関係ありませんよね。

つまり、ワンルームマンション投資における最大のリスクは借入の返済ができなくなることにあり、その返済不能になる最大の理由に家賃下落と借入金利が深く関係しているのです。

もちろん五番目でお伝えした通り、他の原因で返済ができなくなれば話は変わりますが、本質的にワンルームマンション投資で返済が厳しくなる原因は「家賃下落」と「借入金利」になります。

そのため、堅実な資産形成は家賃の下落と借入の金利についてしっかり学び、それらをコントロールすることで可能なものとなります。

そのため、しっかり家賃と金利について学ぶ必要があります。

答え：ワンルームマンション投資では五つのリスクが存在する。家賃の下落と金利が原因で返済不可能となる点だけはあなたがコントロールする必要がある。

・何故、ワンルームマンション投資では「家賃」と「金利」がリスクなのか。

前述した通り、あなたが行うワンルームマンション投資の中で、最も大きなリスクは「家賃下落」と「借入金利」です。収支の見込みが甘く、借入の返済が滞ることがあなたの老後に向けた資産形成の障害となるのです。

あなたが現在社会人であれば、一度ぐらい、「新築ワンルームマンション投資はどうですか?」という営業電話を受けたことがあるかもしれません。

会社に掛かってくる営業電話のことです。またもしかしたら、あなたが自分に経験がなくても、その種の営業電話でワンルームマンションを購入した知人・友人を知っているかもしれませんね。

そして運営が上手くいかなくなり、途中で手放して損害を被る。という話を見聞きしたことがあるかもしれません。

だからこそ、新築ワンルームマンション投資は駄目だ、という意見があります。成功した人はあまり大きな声で言いませんが、失敗した人で失敗談を大きな声で語る人もいるので、結果として新築ワンルームマンションは駄目だと思いこんでいる人も多いのが現実です。

では、新築ワンルームマンションは本当に駄目なのでしょうか。買えば必ず破産するのでしょうか。では、何故、ワンルームマンションの市場が形成されているのでしょうか。

図表 1. タイプ別築年数別の理論賃料指数（東京 23 区）

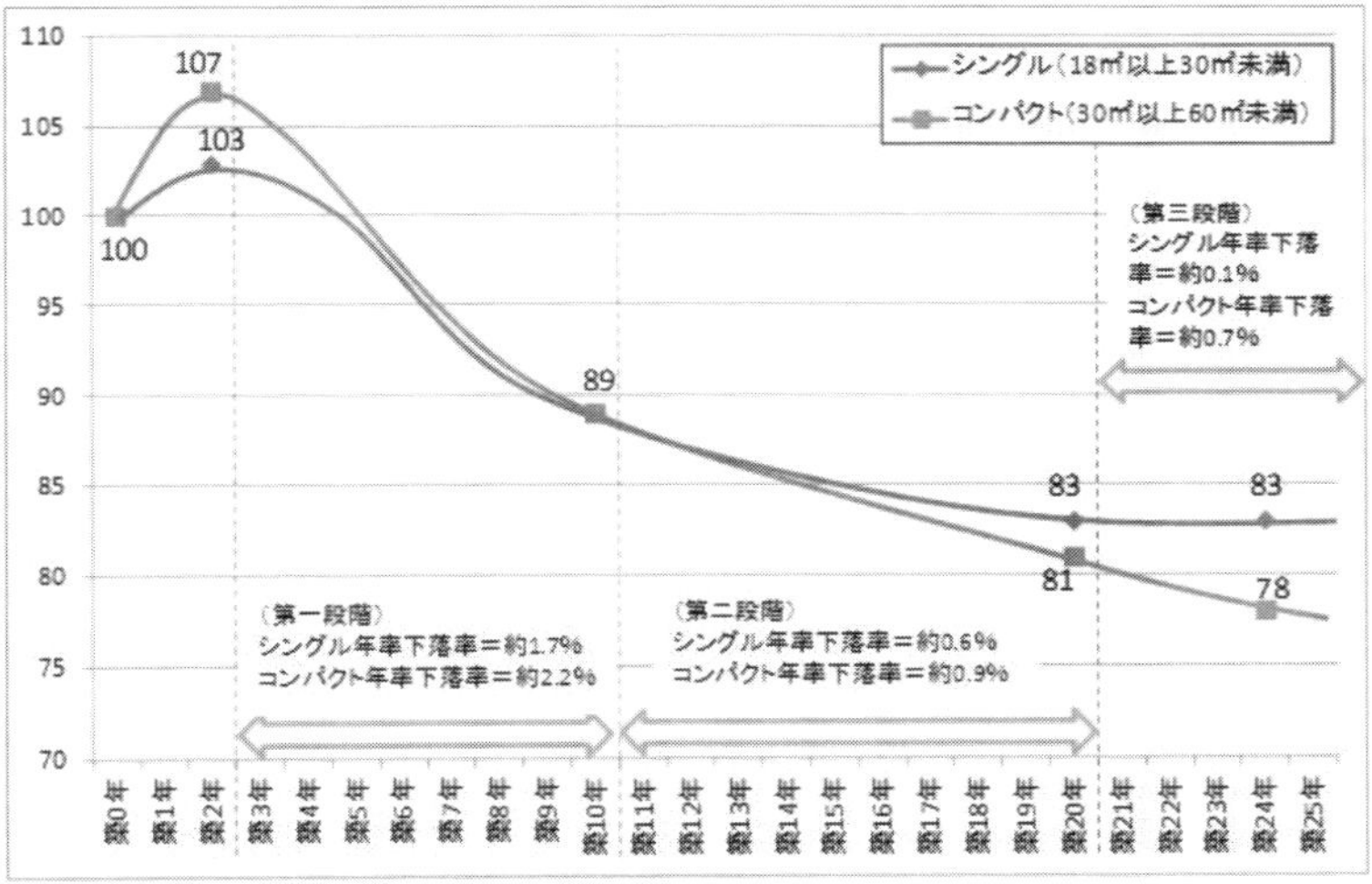

出所）アットホーム株式会社のデータを用いて三井住友トラスト基礎研究所算出

※2001 年～2011 年の理論賃料指数を築年数ごとに平均した数値。

三井住友トラスト基礎研究所レポート「経年劣化が住宅賃料に与える影響とその理由」より

このような疑問を持ち、私は10年以上、収益不動産について学び続けました。収益物件を販売したこともありますし、自分で収益物件を保有して家賃を受け取ったこともあります。また現在も所有しています。

その知識と経験から分かったのは、ワンルームマンション投資のリスクは家賃下落と借入金利であるという事実です。

そもそもマンションの家賃は新築時から下落していくものであり、三井住友トラスト基礎研究所のデータによると、新築時から約30年間は年間1％程度下落し続けて約30年後は下落率がゼロに近づくというデータがあります。

長年、収益物件を見てきた立場から考えると、このデータは概ね間違いないように思います。では、どうして新築ワンルームマンション投資は失敗例が多いのでしょうか。

答えは家賃の下落率を考慮せずに収支計算を行いながら、借入金利をそのまま支払い続けているからに他なりません。

家賃は下落するものです。当然ですが、あなたが購入するワンルームマンションは新築時が最も価値が高く、通常はその価値は下落していくものになります。

特にデフレ期には家賃の下落は避けられないので、その分を見込んで収支計画を立てる必要があります。ただ、あなたが家賃の下落を考慮せず、新築時の家賃で収支計算をし元利均等返済でゆっくり返済を続けるといずれ破綻することになります。

これからはインフレが予想されるので、家賃の下落も年間1％程度だとインフレ率で補填できる可能性が高いのですが、それでもあなたにとって家賃下落は考慮すべきリスクの一つだと言えます。

また借入金利にも問題があります。例えば物件価格が2000万円で1600万円を借入し、金利が3％だとすると、利息は年単位で計算すると年間約48万円になります。（実際は月単位で元金が減るのでもう少し低い金額になります。）

この場合、利息だけで毎月約4万円発生するのです。仮に物件利回りが5％で見ても、毎月の家賃は10万円になります。

こうなると、年間100万円返済しても返済部分の約半分が利息となり、元金返済が進まないので、そもそもどこかで返済が苦しくなるのは当然だと言えます。

ただ、あなたがここで繰り上げ返済を行うと少し状況が変わります。詳しくは後に解説させて頂きますが、元金返済を少しでも前倒しすることで利益が大幅に改善されるのです。

少し極端な例ですが、仮にあなたが新築ワンルームマンションを2000万円・利回り5％という条件で購入したとしても、全て現金で購入するなら40～50年の期間で見ると必ず利益は出ます。

つまり、新築だけでなく中古ワンルームマンションであっても、利益を出すには借入金利との戦いになるのです。

今は低金利だから繰り上げ返済をする必要がないという意見もありますが、私はそうは思いません。ワンルームマンション投資で失敗する唯一の原因は返済ができなくなることだからです。それには、家賃収入と借入金利のコントロールが最も重要になるのです。

逆に言うと、あなたが正しい家賃計算を行い借入金利をコントロールすることができれば、ワンルームマンション投資で利益を出すことは難しいことではありません。

ワンルームマンションをフルローンで購入し、放っておいたらいつかローンが完済して得をする。という考えだと利益の殆どをマンションディベロッパーと金融機関に持っていかれることになります。

そのため、ワンルームマンション投資でのリスクは家賃下落と金利だと心得ましょう。そしてあなたがこれらのリスクをしっかりコントロールすることができれば、あなたの老後に向けた資産形成は間違いないものになります。

答え：収支に最も大きな影響を与えるのは「家賃下落」と「借入金利」の二つ。その中でもこれから家賃の下落はインフレ率で補填できる可能性があるが、借入金利は注意が必要。

・破綻リスクをコントロールするにはどうすればいいか。

前述した通り、ワンルームマンション投資における破綻リスクは金利が関係していると書かせて頂きました。では、どうすれば金利のリスクはコントロール可能なのでしょうか。結論から言うと、繰り上げ返済を行うことで可能になります。繰り上げ返済を行うことで金利を抑えることができるので、返済額が小さくなり、結果として破綻リスクが減少されるのです。

そもそも、不動産の価格というのは金利によって変動します。金利が高いと購入希望者が減るので物件価格は下がり、金利が低いと利益を出しやすいので購入希望者が増えて価格が上昇するのです。

そして金利は何によって決まるのか、というと、政府の政策によって決まるのです。当然、金融機関によって多少の差はありますが、本質的にはコールレートや国債利回りで決まるものであり、コールレートや国債利回りは政策によって変わるものになります。

つまり、金利は政府の政策によって変わるものになります。そして政府の政策というのは政権を握っている政治家の方針によって変わります。

では、政治家の方針というのはどのように決まるのでしょうか。国民からの支持率を上げるために決まるものもあれば、自分を支持してくれている団体の利益のために決まるものもあると思います。

つまり、絶対がないというのが答えなのです。アベノミクスという財政政策・金融政策で雇用の拡大が可能となることが証明された以上、国民はこれから金融政策を支持し続けると思います。ただ、短期で見ると分かりません。

もしかしたら、金利を上昇させると宣言している政治家（現在の自民党にもいます。）が政権を握り、金利を上昇させるかもしれません。

そうなると、間違いなく不況・デフレが起こりますのでそのような政権は長続きしないと思いますが、短期的にそのようなことが起こらない保証はありません。

そのため、あなたは常に金利を意識してワンルームマンション投資を行う必要があります。借入金利と物件価格が金利に左右される以上、金利のマネジメントこそが破綻リスクを避ける最も重要な手段になりますので、しっかり金利をコントロールするようにしましょう。

答え：金利をコントロールすることで破綻リスクを下げることができる。

・どうすれば金利リスクを下げることができるのか。

当然ですが、あなたが個人で金利をコントロール（操作）することはできません。個人でできる方法に「借り換え」という方法がありますが、やはり政策で金融機関のベースとなる金利が決まる以上、本質的には政策による影響を避けることは不可能だと言えます。

では、どうすればいいかというと、「繰り上げ返済」をすればいいのです。もう少し分かりやすく言うと、繰り上げ返済で借入の金利部分の支払総額を下げることで、あなたの破綻リスクを減少させることができるのです。

具体的に説明します。

例えばあなたが金利3％という条件で35年ローンを組み２０００万円のワンルームマンションをフルローンで購入したとします。この場合、元利均等返済での毎月の返済額は7万６９８０円です。

この7万６９８０円を35年間返済し続けると、返済総額は約３２３３万円。単純に金利を計算すると、約１２３３万円分が金利の支払い分として発生したことになります。

ただ、あなたがここで「繰り上げ返済」を用いると金利分が圧縮されます。

繰り上げ返済というのは借入の元金を毎月の返済と別で行う返済方法のことです。毎年少しずつでも繰り上げ返済を行うと、金利を計算する元になる元金が減りますので、確実に金利の支払い総額が減ります。

つまり繰り上げ返済で借入金利の支払い総額を抑えることにより、堅実な資産形成が可能になるのです。また第四章でも解説しましたが、借入元金の絶対額を下げることで更に金利を下げることができますので、借入元金の絶対額を小さくすることも重要だと言えます。同じ金利・融資期間であるならば、２０００万円の借入と１０００万円の借入のいずれが金利を抑えられるかは明白ですね。

このように破綻リスクを下げるには、できる限り借入元金の絶対額を小さくし、繰り上げ返済も行い金利の支払い総額を小さくすることが重要になるのです。

ではここで、「繰り上げ返済」を行った実際のシミュレーションを見てみましょう。

仮定：金利 2%・家賃収入 60 万円

開始時　1,200 万円

1 年後　1,104 万円（利息 24 万円 + 元金 36 万円）- 元金 60 万円
（繰り上げ返済分）

2 年後　1,006 万円（利息 22 万円 + 元金 38 万円）- 元金 60 万円

3 年後　906 万円（利息 20 万円 + 元金 40 万円）- 元金 60 万円

4 年後　804 万円（利息 18 万円 + 元金 42 万円）- 元金 60 万円

5 年後　700 万円（利息 16 万円 + 元金 44 万円）- 元金 60 万円

6 年後　594 万円（利息 14 万円 + 元金 46 万円）- 元金 60 万円

7 年後　486 万円（利息 12 万円 + 元金 48 万円）- 元金 60 万円

8 年後　376 万円（利息 10 万円 + 元金 50 万円）- 元金 60 万円

9 年後　264 万円（利息 8 万円 + 元金 52 万円）- 元金 60 万円

10年後　149 万円（利息 5 万円 + 元金 55 万円）- 元金 60 万円

11年後　32 万円（利息 3 万円 + 元金 57 万円）- 元金 60 万円

約 11 年と 4 ケ月で完済

＊利息は月ごとに減っていくので元金返済は上記より早く進みます。

＊築 10 年の中古ワンルームマンションを購入し上記の通り返済すると約 11 年後に完済する。そして次の 11 年で元金返済分を全て回収できる。

＊退去時の経費は省いて計算しています。

このシミュレーションでは1200万円のワンルームマンションで利回り5％（年間家賃収入60万円）・金利2％という設定で計算しています。（実際に存在した事例です。）

実際の借入元金は月単位で減っていきますので金利はもう少し小さい金額になりますが、分かりやすく年単位で計算した金額を書いています。

このシミュレーションは毎月5万円の預金を積み立て年間60万円の繰り上げ返済を行った場合のシミュレーションになります。

このように、1200万円・利回り5％のワンルームマンションに投資し年間60万円の繰り上げ返済を行うと、約11年で完済が可能となります。（入退去の経費は省いて計算しています。）

このケースでは、繰り上げ返済に使ったお金は660万円です。現在の預金金利がほぼ0％であることから考えると、もし繰り上げ返済を行わずに預金を続けていたとしても11年後は約660万円のままだと考えても差し支えないでしょう。

ワンルームマンション投資を行わなかった場合、11年後は約660万円の預金が残ります。1200万円を借入してワンルームマンション投資を行った場合、11年後はあなたの手元に無借金のワンルームマンションが残ります。

この物件を売却して660万円以上ならここで利益を確定させることができます。もう11年間保有すると、家賃収入で約660万円を回収することができます。（経費は省いています。）その次の11年となると、もう確実に利益が出続けるでしょう。

このように、「繰り上げ返済」を行うことであなたのワンルームマンション投資の成功は手堅いものとなります。ただ、「繰り上げ返済」を行わないと「借入金利」の支払い総額が膨らむので、利益を出すのが難しくなります。

そのため、「繰り上げ返済」はあなたのワンルームマンション投資の成功に必ず必要な手段だと心得ましょう。

また金利リスクには貸し剥がしもあります。例えば金利が上昇し、物件価格が2割下がったとします。

老後に向けた堅実な資産形成では物件を転売することはありませんので物件価格が下がっても無関係ですが、金利が上昇し物件の市場価格が下がることで担保評価が下がり、貸し剥がしに遭うことがあります。

これは金融機関の立場で考えるとご理解頂けると思います。

例えばあなたが銀行員だったとします。そしてとある方に2000万円の融資を行い、その融資金の担保として購入した物件を抵当で押さえているとします。

その後、その抵当に入れている物件の担保価値が2割下がれば、その分を補填できる追加担保を要求するか元金返済を要求しないと万が一の時に自社が損失を被ることになります。

そうなると、追加担保の要求を行うか、一部返済を迫ることになると思います。つまり、金利上昇リスクは貸し剥がしが起こる可能性も孕んでいるのです。

ただ、これも同じように「繰り上げ返済」を行うことでリスクの軽減が可能となります。担保物件の市場価格が２割下がっても、その分の元金返済が進んでいれば問題ないからです。

また借入元金の絶対額が小さいと、借入元金の割合を下げることは比較的容易になりますよね。このように、比較的に価格の低いワンルームマンションを購入し「繰り上げ返済」を行うことで破綻リスクを下げることができるのです。

そのため、繰り上げ返済はあなたの「堅実な」資産形成に必須の手段だと言えます。

答え：価格の低いワンルームマンションを購入し借入元金の絶対額を小さくする。そして「繰り上げ返済」を行うことで早く借入元金を小さくし、金利の支払総額を下げることで金利リスクを下げることができる。

・不動産所得とキャッシュフローの違いは何か。

ただ、金利上昇リスクを抑えても不動産所得とキャッシュフローの違いを認識できていないと正しい収支計算ができず税金に苦しむことになります。そのため、あなたはこれらの違いをしっかり認識して正しい収支計算を行うことが重要になります。

ワンルームマンション投資での資産形成を検討する場合、多くの方がまずキャッシュフローで収支の計算をします。

例えば家賃収入が毎月6万円で返済が5万円だから、管理費・修繕積立金を引いたら収支トントンぐらいか、という大雑把な計算です。

この計算は間違ってはいません。実際に物件を保有すると、キャッシュフローはそのように動きます。

ただ、ここには重要な概念が抜け落ちています。それは「不動産所得」という概念です。

不動産所得というのは税金の計算時に必要となる不動産からの所得になります。

まず所得というのは給与所得を含めて十種類に分けることができます。そして最後は全てを合算し、課税標準を出してから所得控除を差し引いて課税所得金額を算出します。そしてその課税所得金額に税率を掛けて所得税額を計算し、そこから税額控除を差し引いて申告税額を出します。

そして一般的にワンルームマンション投資で最も大きな支出金額となる借入元金の返済ですが、これは不動産所得の計算上、経費として計上することはできません。

逆に支出を伴わない経費として減価償却費があります。物件の建物部分は法定耐用年数が決まっており、ワンルームマンションによくある鉄骨鉄筋コンクリート（ＲＣ造）の場合は47年となっています。

つまり、建物部分は47年間掛けて減価償却することが可能です。例えばあなたが新築のワンルームマンションを購入し、物件の建物部分が９４０万円であれば年間20万円ずつ経費計上することが可能になります。

（尚、厳密には建物部分は本体と設備に分けることができ、設備部分は15年で償却しますので計算式はもう少し複雑になります。本例は分かりやすく説明するため、設備部分の計算を省いています。中古の場合は別の計算式で計算します。）

この減価償却費は実際の支出を伴いませんので、不動産所得を下げる役割を果たしてくれます。不動産所得のマイナス部分は土地の金利部分以外は他の所得と損益通算することが可能な所得になりますので、場合によっては所得が下がり税金の還付を受けることができます。

例えば給与所得が年間５００万円で不動産所得がマイナス１００万円の場合、損益通算するとその年の所得は４００万円になりますので１００万円分に課税された所得税は還付され、住民税は減額されることになります。

あなたが個人事業主である場合は自分で申告をすることになりますので納税額が下がるだけになりますが、あなたが一般的な会社員・公務員の場合は給与所得をベースに計算された税金が自動的に源泉徴収されていますので、差額分に対する税金の還付を受けることができます。

ではあなたがワンルームマンション投資を行うと毎年税金の還付を受けられるか、というとそれは違います。何故なら一般的に初年度は初期費用が発生するので赤字となるのが普通ですが、2年目以降の不動産所得は黒字となるのが普通だからです。

具体的な例を挙げます。

例えば築10年で1500万円のワンルームマンションをフルローンで購入したとします。そして建物部分が750万円、土地部分が750万円だったとします。

中古の場合は建物の設備部分を0円とすることが多いので、建物本体だけで750万円とします。そして本体部分の減価償却費を中古の計算式で計算すると、39年となりますので、このケースでの年間の減価償却費は約19万円となります。

仮に1500万円の物件の年間利回りが6％だと家賃収入は年間90万円になります。ここから金利と経費（保険・青色控除も含む）を差し引いても、減価償却費が約19万円なら不動産所得は黒字になるのが普通です。

年間90万円の所得に対し仮に経費が60万円であればその年の不動産所得はプラス30万円になりますので増税となります。増税額はそこまで大きな金額にはなりませんが、税金がプラスとなることは明らかです。

つまり、キャッシュフローだけでワンルームマンション投資を判断すると危険な状態に陥る可能性が高まります。基本的にワンルームマンション投資では購入後に変更できることは少ないので、事前にしっかり収支の判断を行う必要があります。

私が過去に参加したことがあるワンルームマンション投資セミナーでも、この物件を購入すると「不動産所得は赤字になり毎年税金の還付がある。」と宣伝している講師が多数いました。

ただ、どう計算してもその物件を購入すれば不動産所得は黒字になるというケースが多々ありましたので、不動産所得は黒字となり追加で税金が発生すると意識しておきましょう。

答え：キャッシュフローは実際の収支だが不動産所得は実際の収支とは異なる。税金の計算時は不動産所得を基準とするので、不動産所得も意識する必要がある。

・ワンルームマンション投資は節税になるか。

結論から申し上げると、ワンルームマンション投資は節税になりません。どちらかと言えば増税になる可能性の方が高いと言えます。

また所得の多い方が初年度に諸経費分を含めると総所得金額を下げることはできますが、それは自分の納めた税金の一部が還付されるだけなので、「節税効果」ではなく「減税効果」があると言えます。

もちろん収益不動産で節税できる方法もあります。例えば黒字金額の大きい法人が築古の木造アパートを建物価格（減価償却費）を最大限まで高い状態まで引き上げて現金で購入し、減価償却費を高く計上して数年分の法人税を下げる方法などです。

ただ、「都心」「駅近」「築浅」のワンルームマンション投資で節税になることはありません。

そのため、節税という効果は考えないようにしましょう。

答え：ワンルームマンション投資に節税効果はない。

・ワンルームマンション投資で転売益を得ることは可能か。

ワンルームマンション投資に関する本では、転売を見込んで購入することを勧めているものもあります。しかしワンルームマンション投資で転売益を出すのは至難の業です。

何故なら一部減税効果があるとは言え、物件の購入時は物件価格の約10％程度の初期費用が発生し、売却時には5年以内なら売却益の39％＋復興特別所得税（平成49年まで）、5年以降なら売却益の20％＋復興特別所得税が発生するからです。

不動産業者なら別の手段がありますが、あなたが個人でこの方法で利益を出そうとするのは至難の業です。

また不動産の本質的な価値は、他の物件がなくなるなど、あなたの物件に対する相対的な需要が高まる状態にならない限り築年数の経過と共に下がり続ける一方だからです。

ただ、地価の上昇時には転売益を出すことが可能です。しかしこれもあなたがプロの業者でもない限り、地価の上昇を狙って売却益を出すのは難しいと言えます。

そのため、ワンルームマンション投資で転売益を得ることは難しいと言えます。

答え：ワンルームマンション投資で転売益を得ることは難しい。

・いつワンルームマンション投資を行うべきか。

あなたがワンルームマンション投資を行うべき最適な時期については様々な意見があります。本質的には地価の変動と金利の変動がある分、物件価格が変動するので、少しでも安い時期に購入したいと考えている方が多いと思います。

ただ、地価が下落している時期は経済が沈んでいる時期であり、金利の高い時期は融資を受けにくい時期になりますので、あなたがいずれの時期でワンルームマンション投資を行っても簡単ではないことはご理解頂けると思います。

経済の停滞期にマンション価格が下落したとしても、その時期はあなたの本業から得られる利益も削られる時期なのです。事実、物件価格が下落したリーマン・ショック時は「ボーナスカット」や「会社倒産」が相次ぎました。

そんな時期に物件価格が下落したと言っても、同じくお金の相対的な価値が上昇しているので、やはり物件購入が容易でないことはご理解頂けると思います。

つまり、いつであっても利益を出すハードルは存在するのです。全てが最適である時期というのは存在しないのです。

ではいつ行うべきかというと、あなたが老後に向けた資産形成を行うと決めた時期がベストだと思います。理由はその時にこそあなたが積極的に行動することができるからです。

そのため、あなたが老後に向けた資産形成を行うと決めた時期こそが、あなたにとってワンルームマンション投資を行うベストな時期だと私は思います。

もちろん、あなたがすぐにワンルームマンション投資を行うと決めて行動した結果、少し待つという変更の決断を下すのも一つだと思います。ただ、あなたがいつかやろうと思うだけで動かないといつまで経っても資産形成を行うことはできないと思います。

そして老後に向けた資産形成ができないと、老後がどうなるかは本書をお読み頂いたあなたにはご理解頂けると思います。間違いなく、現在の公的年金制度を考えると苦しい老後が待っているでしょう。

そのため、これからはあなたが積極的に動き、自分の意志で資産形成を行っていく必要があります。いつの時期でも利益を出すハードルが存在するのであれば、やるべき時期はあなたが老後に向けた資産形成を行うと決めた時期が最適だと言えます。

答え：あなたが老後に向けた資産形成を考え始めた時期に行うべき。

エピローグ

「あなたも個人で資産形成を行う必要があります。」

これは私が最初にお伝えした言葉です。

本書をしっかりお読み頂いたあなたには、何故これから個人で将来に向けた資産形成を行う必要があるのかが充分にご理解頂けたと思います。

そしてそれにはワンルームマンション投資が最適であるということもご理解頂けたと思います。本書のタイトル通り、あなたが特別な資産を持たなくても、年収が５００万円前後であれば融資を使って始めることが可能なものになります。つまり、普通の方が無理なく始められるのがワンルームマンション投資での資産形成なのです。

アベノミクスによる財政政策・金融政策で経済状況は大きく変わりました。そして、これから日本経済は戦後に作られた負の遺産を抱えたまま新たな局面に入ろうとしています。

少子高齢化、公的年金制度・医療制度の疲弊等。これは日本に限った話ではありませんが、今まで先送りにしてきた問題が顕在化してきたこれからは、これらの問題にしっかり向き合う時代に入ったと言えます。

では、これから世の中はどのように変化していくのでしょうか。それは誰にも分かりません。ただ、一つだけハッキリしているのは、これから公的年金から得られる年金は下がっていくので、あなたは現在の高齢者と同じようにしていては駄目だということです。

では、どのようにすれば世の中の変化に対応することができるのでしょうか。それは、変化が必要だという事実を受け入れ、自ら柔軟に変化した方だけが乗り越えられると私は思います。

「最も強い者が生き残るのではなく、最も賢い者が生き延びるのでもない。唯一、生き残ることが出来るのは、変化できる者である。」

これはダーウィンの言葉です。ダーウィンの言葉通り、私たちは現在、変化を迫られているのです。

変化を受け入れ、自ら将来に向けた資産形成の第一歩を踏み出すと、あなたには必ず明るい未来が訪れると思います。

また変化を受け入れず、行動を起こさないと悲惨な結果が待ち受けていると思います。それは、歴史を振り返っても明らかです。

鉄砲が普及し始めた時代、その変化を受け入れずに旧式の武器で戦い続けた大名は根こそぎ滅んでいきました。

既に豊臣軍の勢力が全国統一に向かっているにも関わらず、小田原で交戦か降伏かの評定を続けた北条氏は歴史に残る愚将です。

一番身近なものでは、未だに社会主義・共産主義を貫き貧困に喘いでいる国家などが挙げられます。

このように、歴史を振り返って見ても変化することができずに滅んでいったケースは枚挙に暇がありません。

そしてこれは何も、歴史の政治面に限った話ではありません。経済面でも同じです。時代の変化に対応できず、売れなくなった商品を作り続けて倒産する企業は星の数ほど存在しますね。

つまり「変化できない者は滅ぶ」という真理は、洋の東西・時代の今昔に限らない普遍的な宇宙の法則なのです。

ただ、変化の過程で苦しむこともあると思います。しかし、変化に向き合い自助努力の精神で頑張り続ける方は必ず報われると私は思います。

そして、変化が必要だとは言え、未来を悲観する必要はないと思います。何故なら人間社会は過去に幾度も大きな変化を迫られてきましたが、しっかりそれを乗り越えてきたという実績があるからです。

私が好きな格言の一つに次のものがあります。

「天は自ら助くる者を助く。」

これはサミュエル・スマイルズが著書『自助論』の中で述べた言葉です。正にこれからの時代は「自ら変化し自らを助くる者」が「助かる」時代に入ったと私は思います。

このような時代に、あなたはどうしますか？　受け身になって、黙って世の中が何とかしてくれるのを待ちますか？　それとも、これからは個人で老後に向けた資産形成を行う必要があるという変化を受け入れ、自ら積極的に資産形成を進めていきますか？

そして行動を起こすなら、いつから起こしますか？

本書をお読み頂いた方なら答えは明白だと思います。今すぐにでも、明るい老後に向けた資産形成の第一歩を踏み出していきましょう。

最後になりましたが、あなたの成功を心よりお祈り申し上げます。

鈴木　聖太（すずき・せいた）

ファイナンシャルプランナー。
株式会社都実業　代表取締役。

上智大学国際教養学部卒。
教育会社、不動産投資会社、学習塾経営を経て26歳で個別指導塾を創業。翌年、株式会社都学院（現 株式会社都実業）を設立。地域一番塾に成長させる。塾経営を行う傍ら不動産投資を開始。不動産投資会社勤務、不動産投資の経験を生かしてワンルームマンション投資専門の不動産事業を開始。

40歳・年収500万円台から始めるワンルームマンション投資

2018年12月15日　第1刷発行

著　者　鈴木聖太
発行人　大杉　剛
発行所　株式会社 風詠社
〒553-0001　大阪市福島区海老江5-2-2
大拓ビル5 - 7階
TEL 06（6136）8657　http://fueisha.com/
発売元　株式会社 星雲社
〒112-0005 東京都文京区水道1-3-30
TEL 03（3868）3275
装幀　2DAY
印刷・製本　シナノ印刷株式会社

ISBN978-4-434-25469-7 C2033

乱丁・落丁本は風詠社宛にお送りください。お取り替えいたします。